행복한 어른이 되는 자존감 수업

행복한 어른이 되는 자존감 수업

초판 1쇄 2021년 11월 23일

지은이 하이루미 | **펴낸이** 송영화 | **펴낸곳** 굿웰스북스 | **총괄** 임종익

등록 제 2020-000123호 | **주소** 서울시 마포구 양화로 133 서교타워 711호

전화 02) 322-7803 | **팩스** 02) 6007-1845 | **이메일** gwbooks@hanmail.net

© 하이루미, 굿웰스북스 2021, *Printed in Korea.*

ISBN 979-11-91447-84-2 03190 | **값 15,000원**

하이루미 지음

세상은 당신을 구원해주지 않는다 당신을 구할 수 있는 건 당신 자신뿐이다

행복한 어른이 되는 자존감 수업

굿웰스북스

나는 당신이 스스로를 사랑하는 사람이 되기를 바랍니다

한 설문 조사를 읽었다. '자존감 상태'에 대한 설문 조사였다. 설문지에 따르면 10명 중 3명이 자신의 자존감의 상태가 '낮다'라는, 2명은 '매우 낮다'라는 의사를 밝혔다.

"저는 취준생인데 친구는 대기업에 취업을 하니까 속상해요."

"제 하루는 너무 힘든데 다른 사람들은 일상이 너무 재미있어 보여요."

"제 외모가 너무 못난 것 같아요. 성형이라도 해야 하나 고민이 많아요."

많은 20대가 주변 사람들과 스스로를 비교하며 자신의 자존감을 낮추고 있다. 그런데 그들의 대답이 낯익었다. 그들의 모습에서 몇 년 전의 나의 모습이 그려졌다.

불과 5년 전까지만 해도 나는 다른 사람과 나를 끊임없이 비교했다. 인스타그램에 올라온 행복한 친구의 모습을 보면 종종 짜증이 나기도 했다. 그럴 때마다 친구의 행복을 진심으로 축

하해주지 못하는 내 모습에 화가 났다. 열등감을 느끼는 나 자신이 추하게 느껴졌다. 매일매일을 자책하고 자기 비하를 일삼았다. 나는 다른 사람들에게 자격지심으로 똘똘 뭉친 나의 모습이 들킬까 봐 다른 사람의 연락을 피하고 혼자만의 시간을 보냈다. 나는 나에게 물었다.

"나는 왜 이 모양이지? 나는 왜 이러고 있지? 도대체 어디서부터 잘못된 걸까?"

좋은 대학을 다니는 친구, 직장을 다니는 친구, 날씬한 친구 등등 그 당시 내가 가지지 못한 걸 가진 친구들에게 참 많은 시기심을 느꼈던 것 같다. 하루에도 수십 번씩 나를 타인과 비교하며 내가 얼마나 보잘것없는 사람인지 인증해 보이려고 부단히 애를 썼다. 누군가가 나를 칭찬하면 부정하기 바빴고, 누군가가 나를 좋아하면 의심하기 바빴다. 그때의 나는 누군가에게 그럴듯해 보여야지만 자존감이 높을 수 있고, 학벌이 높거나, 커리어가 좋고 무언가를 성공한 사람만이 자기 확신을 가질 수 있는 것이라고 믿었었다.

자존감, 스스로 품위를 지키고 자기를 존중하는 마음.

자기 확신, 스스로를 굳게 믿음 또는 그런 마음.

우연히 자존감과 자기 확신의 정확한 뜻을 알게 된 날, '스스로'라는 단어에 눈을 뗄 수 없었다. 자존감과 자기 확신에 그럴싸해 보임과 자격은 중요하지 않았던 것이다.

"아, 내가 날 존중하지 못하고 날 믿지 못하면 누가 날 존중하고 믿어줄까? 지금 당장 그럴싸해 보이지 않고 자격이 충분하지 않다면 이제부터 내가 만들면 되는 게 아닐까? 내가 가장 먼저 해야 하는 건 나 스스로를 존중하고 믿는 일이 아닐까?"

지금의 나는 자존감이 높아 보여 멋있다는 칭찬을 듣는다. 말과 행동에서 자신감과 당당함이 보여 부럽다는 말을 듣는다. 하루의 시작이 내 존재 자체에 대한 의심과 책망이었지만 이제는 그렇지 않다. 나는 나 스스로를 칭찬하고 밝게 웃으며 하루를 시작한다. 이러한 변화가 정말 나의 1분 1초를 행복하게 만든다는 것을 당신에게 알려주고 싶다.

자존감이 낮아서 하루를 힘들게 보내고 있는가? 자기 자신이 한심해 미칠 것 같은가? 스스로를 초라하고 별 볼 일 없는 사람이라고 느끼는가? 낮은 자존감으로 고통받고 있다면 이 책에 적힌 나의 이야기가 당신의 고통을 조금은 덜어내주기를 바란다. 나의 경험이 당신에게 좋은 울림이 되길 바란다. 내가 변했던 것처럼 당신 역시 변할 수 있다. 사랑받는 사람이 되고 싶다면 행복한 사람이 되고 싶다면 자기 자신을 존중하고 사랑할 줄 아는 사람이 되어야 한다. 나는 당신이 스스로를 사랑하는 사람이 되기를 바란다.

　　"인생을 살아가는 데 있어서, 그리고 생각과 감정을 타인에게 효과적으로 전달하기 위해서 글쓰기가 꼭 필요한 역량이라고 생각한다."

　　이 말을 듣고 블로그에 나의 경험을 기록하기 시작했다. 글을 쓰다 보니 잘 쓰고 싶어져서 다독을 하게 되었다. 그때 읽었던 책 중에 『김대리는 어떻게 1개월 만에 작가가 됐을까』가 있다. 이 책을 통해 〈한국책쓰기1인창업코칭협회(이하 한책협)〉를 알게 되었다. 〈한책협〉은 '베스트셀러 제조기', '미다스의 손'이라고 불리는, 김도사님이 대표로 계신다. 김도사님은 책 쓰기 업계에서 가장 유명한 전문가다. 김도사님께서 항상 하시는 말씀이 있다.

"성공은 다소 건방진 생각에 의해 앞당겨진다. 그러니 '성공해야 책을 쓴다'라는 생각은 버려라."

김도사님께서는 글쓰기와 독서에서 자기계발을 멈추지 말고 책을 쓰라고 조언해주셨다. 그 말을 듣고 나는 〈한책협〉 책 쓰기 과정에 등록했다. 김도사님의 정성 어린 코칭과 가르침을 받아 나는 빠른 기간 안에 작가가 되었다. 책을 쓰는 동안 끊임없이 칭찬, 동기 부여해주신 김도사님 덕분에 큰 힘을 받았고 즐겁게 책을 쓸 수 있었다. 다시 한번 김도사님께 진심으로 감사 인사드립니다.

2021년 가을, 하이루미

목
차

2장 자신을 함부로 대하는 너에게

3장 완벽하지 않아도 괜찮아

4장 당당하게 살아도 괜찮아

5장 자존감을 내 편으로 만들면 인생이 달라진다

세상은 당신을 구원해주지 않는다 당신을 구할 수 있는 건 당신 자신뿐이다

행복한 어른이 되는
자존감 수업

1장

스스로를 바꾸고 싶은 너에게

01

너는 왜 이렇게 불만이 많아?

"할 수 있는 일에 힘을 쓰는 사람은 지혜로운 사람이며, 할 수 없는 일에 신경 쓰는 사람은 어리석은 사람이다."

― 에픽테토스

당신은 행복한 사람이 되고 싶은가? 당신이 보내는 하루가 평온하기를 바라는가? 그렇다면 가장 먼저 당신이 해야 하는 일은 의식을 바꾸는 일이다. 당신의 힘으로 바뀌지 않는 일은 있는 그대로 받아들이는 것. 그러한 사실을 인정하는 것으로부터 행복으로 다가가는 첫걸음이 시작된다.

"오늘 날씨가 왜 이래? 비 오니까 축 처진다."

"내 남자 친구가 이렇게 행동하면 좋을 텐데. 그렇지 못한 점이 마음에 안 들어."

"제가 코로나 양성이라고요? 아, 나한테 왜 이런 일이⋯."

당신은 위와 같은 불만을 토해본 적이 있는가? 위의 불만은 내가 노력하고 열정을 쏟아도 바꿀 수 없다는 공통점을 가진다. 당신은 지금까지 당신이 바꿀 수 없는 것들에 얼마나 많은 불평불만을 하고 살아왔는가?

그 누구도 날씨를 바꿀 수 없다. 어린아이들도 아는 사실이다. 하지만 많은 사람들이 비, 바람, 추위 등의 날씨에 많은 불만을 쏟아낸다. 사람들은 날씨가 자신의 마음에 들지 않으면 기분이 좋지 않다고 투덜거린다. 하루를 보낼 때 분명 좋은 날씨와 나쁜 날씨가 존재한다. 하지만 굳이 날씨 탓을 하며 하루의 기분을 망칠 이유는 없다.

연인에 대한 고민을 털어놓는 사람들이 자주 하는 말이다. "내 연인의 이런 점이 마음에 안 들어. 고쳤으면 좋겠어."라고. 사람이 변하지 않는다는 말을 하려는 것이 아니다. 사람은 변한다. 사람은 언제든, 어떤 환경이든 변할 수 있다. 하지만 많은 사람들이 간과하는 점이 있다. 사람이 변하는 순간은 본인의 선택이지 타인의 왈가왈부로 변하는 것이 아니라는 것이다. 그 타인이 나의 가족이든, 연인이든, 친구든, 아무리 가까운 사람일지라도 본인이 변하고 싶은 마음이 없다면 그 누구도 어떠한 사람을 더 나은 방향으로 이끌 수 없다.

코로나와 같은 질병 역시 예기치 못한 순간에 나에게 다가온다. 아무리 조심을 한다고 해도 갑자기 나에게 찾아온 질병을 막지 못한다. 질병으로 인해 심란해하고 우울해지는 것은 스스로를 더 괴롭게 하는 일이다. 질병을 치료하기 위해서 할 수 있는 일을 하는 것 외에는 다른 도리는 없다. 질병에 걸려 억울하고 비통한 심정으로 사로잡혀 있다고 치료의 속도가 빨라지는가? 아니다. 그렇다면 그러한 슬픔에 빠져 있을 이유는 없다.

삶을 살다 보면 내가 통제할 수 없는 외부의 사건들이 수없이 일어난다. 그럴 때마다 "짜증 나.", "기분 나빠.", "왜 나한테 이런 일이 일어나?"와 같은 불만을 말할 것인가? 말을 내뱉는 자신도 알 것이다. 불평불만을 토해내도 전혀 상황이 나아지지 않는다는 것을. 상황이 나아지기는커녕 부정적인 말을 뱉고 있는 자신의 행동에 스스로 실망한다. 심지어 나와 함께 있는 사람들까지 난처하게 만들며 주변 분위기를 망친다.

나도 드물지만 가끔 불만을 토해내고는 한다. 내가 적은 글의 경지에 다가서기 위해 나 역시 아직 많은 노력이 필요하다. 나는 가끔 불만을 토해낼 때마다 느낀다. 내가 불만을 입 밖으로 표현함으로 나 자신을 더 비참하게 만들고 있다는 사실을.

2019년 11월, 중국 후베이성 우한시에서 최초 보고되어 퍼진 코로나는 현재까지 전 세계에 지속되고 있는 범유행 전염병이다. 벌써 최초 경과 일로부터 2년이 다 되어간다. 코로나는 변종 코로나 바이러스인 SARS-CoV-2에 의해 발병한 급성 호흡기 전염병이다. 이전 바이러스들과는 달리 강력한 전염성을 가지고 있다. 감염자가 기하급수적으로 늘어남에 따라 정부에서는 '사회적 거리 두기'라는 정책을 시행하였다. 코로나와 사회적 거리 두기 정책으로 인해 우리나라의 경제는 큰 타격을 입었다. 특히 많은 자영업자들이 가게를 폐업하였다. 심지어 스스로 목숨을 끊는 분들도 있었다.

그러한 분들에 비하면 내가 입은 피해는 적은 편이지만, 나 역시 코로나로 곤란한 적이 한두 번이 아니었다. 야간 아르바이트를 하고 있던 시절이어서 거리 두기의 단계가 올라가자마자 일자리를 잃었다. 수입이 끊겼다. 당장 다음 달에 내야 하는 카드 값이 걱정이 됐다. 기사를 본 언니한테 전화가 왔다. 전화를 받자마자 언니는 나에게 말했다.

"너 어떡해? 사회적 거리 두기 때문에 일 못 나가잖아. 돈 못 쓰겠네."

"아, 몰라. 짜증 나 죽겠어. 도대체 코로나 언제 끝나. 코로나 걸린 사람은 또 왜 이리 많아. 집에 있지 어딜 그리 나가는 거야."

코로나의 발병 원인이 아닌 언니에게 괜히 짜증 섞인 목소리를 냈다. 언니와의 전화를 마치고 금세 깨달았다. 사회적 거리 두기는 정부에서 한 정책이기 때문에 내가 바꿀 수 없다는 것을. 코로나는 이미 발병되어 내가 어찌해볼 수 없다는 것을. 집 밖을 나가는 사람들을 내가 막을 수 없다는 사실을. 내가 지금 짜증을 낸다고 해서 아무런 상황도 달라지지 않는 사실을 알게 되었다. 그러니 내 기분을 더 망치게 하는 불평불만을 쏟을 필요가 없겠다는 생각이 들었다.

코로나로 겪은 당황스러운 사건은 경제적인 문제 말고도 더 있었다. 나는 코로나에 확진되기도 하였다. 회사 동료분이 코로나가 확진되면서 사무실에 함께 근무한 모든 근로자들이 코로나 검사를 했다. 다행인 건지 불행한 건지 근로자들 중 나만 확진이 되었다. 처음에는 내가 코로나에 걸렸다는 것에 대해 화가 났다.

"아니, 그 많은 사람들 중에 왜 내가 걸렸지? 내가 코로나라니!"

코로나 확진자가 되었다는 것에 원통해 할수록 내 기분만 더 안 좋아졌다. 이내 금방 불평불만 하기를 포기했다. 내가 억울해 하고 화가 난다고 코로나에 걸린 게 무효가 되지 않기 때문에. 이날 다시금 깨달았다. 내가 바꿀 수 없는 것이라면 그냥 있는 그대로 받아들이면 마음이 편하다는 것을.

일본과 한국에서 오랜 시간 베스트셀러로 판매된 기시미 이치로의 『미움받을 용기』라는 책이 있다. 이 책에서 철학자가 청년에게 이러한 말을 한다.

"지금 자네가 불행한 것은 불행한 운명으로 태어나서 그런 것도, 불행한 상황에 처해서 그런 것도 아닐세. 자네 손으로 '불행한 상태'를 선택했기 때문일세."

사람들은 바꿀 수 없는 것들에 불평불만을 털어놓으며 스스로를 희생물로 만든다. 부정적인 마음을 표현한다고 마음이 편해지는 것도 아니다. 툴툴대는 내가 미워 보여 기분이 더 안 좋아진다. 이러한 과정들이 모여 스스로를 불행한 상태로 만든다.

사실 불만은 나 자신을 위한 것이다. 사람들의 불만을 듣다 보면 그 대상이 외부를 향하고 있다는 것을 쉽게 알아차릴 수 있다. 자신이 느끼고 경험하는 일에 대한 책임을 가족, 직장, 환경 등의 이유라고 말한다.

"내가 왜 이런 상황을 겪어야 하는데.", "네가 이런 행동을 해서 마음이 상했어."와 같은 말의 근원을 찾아보면 '나는 옳고 나 이외의 것이 틀렸다.'라는 마음을 훔쳐볼 수 있다. 다른 사람과 다른 것들에게 자신의 불만스러운 일과 부정적인 기분에 대한 책임을 전가한다. 하지만 나를 화나게 하는 건 실제로는 내가 가진 분노이며 화다. 다른 누군가에게 있는 게 아니라 오직 내가 만들어낸 것이다.

누군가로 인해 기분이 상하는가? 당신이 통제할 수 없는 것들에 의해 불평불만을 털어놓고 있는가? 고민한다고 한들 달라지지 않는 결과라면 그것에 대해 생각을 하지 마라. 불만을 가지는 습관이 들면, 모든 것들을 부정적으로 바라보게 된다. 사사건건 작은 일 하나하나에 불만을 가지기 시작한다면 스스로의 하루와 기분을 망친다. 더 나아가 나의 인간관계까지 엉망으로 만든다. 스스로를 고립시키는 상황에 빠지게 한다. 당신이 바꿀 수 없는 일이라면 그냥 '그럴 수도 있지.'라고 넘어가보자. 이러한 의식 변화가 당신의 삶에 행복을 가져와 줄 것이다.

02

당신의 안 좋은 태도를 좋게 포장하지 마라

"일을 XX같이 하는데 안 빡치겠냐고! 일을 그딴 식으로 하는데 내가 니한테 돈을 줘야 해?"

"이력서 봤어? 야, 그럼 사진 봤지? 얼굴 왜 저래? 난 저렇게 못생긴 애랑은 일 못 해. 내 사무실에는 예쁜 애만 있을 수 있어."

"너 내가 말이 '야'가 다르고 '어'가 다르다고 입조심하라 했지?"

이 거침없는 막말은 내가 다녔던 회사 사장님이 직원들에게 하던 말이다. 사장님은 자신을 털털하고 가식이 없는 사람이라고 이야기하곤 했다. 사장님은 자신이 하고 싶은 말이 있으면 속에 담아두지 않고 표출하였다. 그러한 자신의 모습을 솔직하며 시원시원하다고 자부하였다. 또한 감정에 숨김이 없었다. 화가 날 때마다 사무실에서 큰소리를 질렀다. 항상 직원들은 사장님의 눈치를 보며 기분을 살폈다.

회사에 입사한 직원들은 한 달을 채 버티지 못하고 나가는 분들이 많았다. 나 역시 3개월 정도 다닌 것 같다. 다른 직원들과 이야기하면 모두 회사를 그만두고 싶어 했다. 하지만 사장님은 회사 직원들의 패스트푸드와 같은 빠른 회전율이 자신의 문제인 것을 전혀 알지 못했다.

사장님의 문제는 무례함을 솔직함으로 잘못 알고 있으며, 괴팍함을 털털함으로 믿는 점이었다. 사장님은 아무렇지 않게 직원들에게 언어 폭력을 남발하며 자신의 존재감을 과시했다. 이런 자신의 성격을 남들과 차별화되는 개성이라고 생각했다.

사장님같이 자기 객관화가 안 되어 있는 어른은 자신의 태도에 한없이 너그럽다. 또 자신이 일할 때 갑질을 당했다면서 다른 사람에게 갑질을 하는 자신의 모습을 정당화하는 사람도 봤다. 이렇게 자신의 성격에 굉장히 관대한 사람은 아이러니하게도 남의 성격에는 몹시 깐깐한 잣대를 들이민다.

한 겨울날, 친구 A와 같이 지하철을 탔을 때의 일이다. 정거장에서 내리는데 내 친구 A가 문 앞에 서 있던 한 커플의 어깨를 세게 치고 갔다. 갑자기 어깨 치임을 당한 커플은 욕을 하며 불쾌함을 드러냈다. 두꺼운 패딩을 입고 있던 친구 A는 커플의 욕을 듣지 못했는지 사과 없이 그대로 걸어 나갔다. 친구의 뒤에서 따라 걷고 있던 나는 당황스러웠다. 친구에게 사람을 쳤다는 말을 어떻게 전해야 할지 많은 고민을 하였다. 조심스럽게 친구에게 말했다. "A야, 옷이 두꺼워서 못 느꼈나 본데, 너 다른 사람 어깨 엄청 세게 쳤어. 그분들 엄청 불쾌해하시던데."라고. 돌아온 친구의 말에 큰 충격을 받았다.

"일부러 친 건데? 짜증 나게 길 막고 있잖아. 사람이 내리면 비켜줘야 하는 거 아니야? 그러게 내리는 사람 길을 왜 막고 있어."

친구의 대답에 어떤 말을 해야 할지 모르겠더라. 친구는 덧붙여 이야기했다.

"내 남자친구한테 지금 이 일 이야기하면 아마 절레절레 고개 흔들 거야. 근데 길 막고 있던 쟤네가 잘못한 거 맞잖아. 그치?"

친구 A는 자신의 행동을 합리화하며 공감을 바랐다. 친구 A는 이러한 행동과 감정이 태도가 되는 모습을 보이곤 했다. 나는 종종 친구 A의 모든 감정을 받아줘야 하는 감정 받이가 되어 있는 것 같았다. 결국 나는 친구 A의 연락처를 차단하며 관계를 멀리하는 것을 선택하였다. 내가 친구 A와 멀어진 것처럼 이런 사람들은 주위 사람들을 하나둘씩 떠나보내게 된다. 자기 멋대로 하는 그들의 행동이 다른 사람의 마음에 상처를 입히고 관계에 금을 내기 때문이다.

내 친구 A도 내가 다녔던 회사 사장님 같이 자신의 성격을 할 말은 시원시원하게 하며 솔직하다고 표현했다. 그들은 자기 자신을 지나치게 긍정적으로 포장하고 있다. 그들은 제멋대로 내키는 대로 행동하는 것일 뿐이다. 상대방의 기분을 전혀 고려하지 않고 날을 세운 채로 타인을 상처 주고 있을 뿐이다. 이렇게 막말하는 사람들은 흔한 착각을 한다. 자신의 행동이 '무례함'이 아니라 '솔직함'이라고. 연예인 조윤서는 2년 전 자신의 인스타그램에 한 피드를 올렸다.

"솔직함과 무식함의 차이를 착각하며 사는 사람이 많은 듯하다. 무식은 무지(無知)에서 나온다. 다시 말해, 무지는 결국 무식함으로 드러난다. 제발 본인의 무지를 솔직함으로 포장해 무식한 무례를 범하지 않았으면 좋겠다. 쿨해 보이지 않는다. 솔직하지 못한 비겁한 사람이다."

그렇다면 솔직함과 무례함의 차이는 뭘까? 두 단어 모두 듣는 상대방에게 자신의 생각을 가감 없이 명확하게 전달한다. 이때 결정적인 차이는 솔직함은 듣는 상대방의 입장을 고려하며 배려한다. 하지만 무례함은 듣는 상대방의 입장은 전혀 고려하지 않고 자신의 감정을 배설하는 데 목적을 둔다.

연애에 대한 고민을 나누는 〈연애의 참견〉이라는 프로그램이 있다. 사연은 고민남이 너무 솔직한 여자친구에 대한 걱정을 털어놓는 것이었다. 고민남은 거침없고 자유분방한 여자친구에 끌려 교제를 시작하였다. 그 매력적인 모습은 나중에 독이 되어 돌아왔고 고민남에게 상처를 주었다. 하지만 고민남이 결정적으로 이별을 생각하게 되는 사건은 자신과 자신의 어머니, 여자친구가 식사를 하고 나서 벌어졌다. 고민남의 어머니는 식사를 마치고 돌아가는 여자친구에게 문자를 보냈다.

"오늘 반가웠어^^. ㅇㅇㅇ한테 늘 아껴주라고 얘기할게. 잘 지내고 종종 만나서 가깝게 지내자~ 우리 더욱 사랑하는 사이가 되자. 잘 들어가렴~"

"어머니 오늘 반가웠습니다! 그런데 전 ㅇㅇㅇ와 정식으로 결혼을 약속한 사이도 아닌데 벌써부터 어머니와 사랑하는 사이가 되겠다고 약속하긴 힘들 것 같아요...^^; ㅇㅇㅇ와 그런 사이가 되면 그때 노력할게요. 적당한 거리를 지켜가며, 배려하며 지내요^^."

당신은 여자친구가 고민남의 어머니에게 답장한 이 문자 메시지를 어떻게 보는가? 할 말은 하는 당당함으로 보는가? 가식 없는 시원시원함으로 보는가? 아니다. 그녀는 전형적인 무례함의 표본이다. 그녀의 문자에는 상대방의 기분을 헤아리는 모습을 전혀 찾아볼 수 없다. 그녀는 자신의 말에 돋은 가시의 존재를 모르는 것 같다. 그 가시가 다른 사람의 마음을 찌르고 뚫는 것을.

우리는 다른 사람과 함께 살아가는 사회를 살아가고 있다. 모두와 잘 지낼 필요는 없지만, 그것이 다른 사람을 함부로 대해도 된다는 것은 아니다. 다른 사람에게 상처 주지 않아야 나도 다른 사람들에게 존중을 받을 수 있다. 살다 보면 분명 누군가의 잘못을 알려주어야 할 때나 내 감정을 숨김없이 드러내야 할 때가 있다. 그럴 때도 굳이 남에게 인격 모독이나 욕설과 같이 막말을 할 필요는 없다.

"너 자신을 알라."

– 소크라테스

당신은 말에는 다른 사람의 기분을 먼저 고려하는 습관이 들어 있는가? 당신이 다른 사람을 대하는 태도는 어떠한가? 당신이 고민조차 하지 않았던 당신의 성격이 누군가에게는 끊임없이 상처를 주고 있을 수 있다. 사람은 대개 남의 성격에 비해 자신의 성격에 관대하다. 그렇다고 무례함을 솔직함으로 괴팍함을 털털함으로 자신을 포장하지 말자. 자신이 스스로를 포장하는 사이 상대방은 잊지 못할 큰 마음의 상처를 떠안게 된다.

과거에 붙잡혀서 현재의 삶을 잃지 마라

"내가 그때 그랬으면 너네가 조금은 더 편하고 잘 살았을 텐데…."
"그때 그렇게 했으면 좋았을 텐데…."
"그 당시에 집을 샀어야 했어. 아빠 말을 듣지 말 걸 그랬어…."

이 말은 우리 엄마가 종종 나한테 하는 넋두리이다. 후회라는 늪에 빠져 절대 바뀌지 않는 과거의 일을 털어놓고는 한다. 이미 지나간 일을 되짚으면서 스스로에게 죄책감을 심는다. 나는 그럴 때마다 항상 같은 대답을 한다. "지금 그 말 한다고 뭐가 달라지나? 안 바뀌어. 그냥 앞으로 닥칠 일을 어떻게 나아갈지 생각하는 게 훨씬 생산적이겠다. 아니, 그러고 지난날을 되돌릴 거면 아예 태어난 어린 시절부터 되짚어야지. 왜 그때 그 순간만을 짚어."라고.

　사람들은 이미 지나가버린 과거에 얽매이는 경향이 있다. 우리 엄마처럼 많은 사람들이 과거에 무엇을 해야 했고, 무엇을 하지 말았어야 했는지 수도 없이 생각한다. 과거의 상황을 계속 곱씹으며 시간을 보낸다. 일은 이미 일어난 상황이기 때문에 안타깝게도 그때의 상황을 아무리 고민한다고 한들 현재의 상황은 달라지지 않는데도 말이다. '그렇게 했더라면'은 그중에서 가장 흔하고 강한 표현이다. 이러한 표현들은 과거의 행동에 초점을 맞추어 자신에게 죄책감을 들게 하고 의기소침하게 만든다.

　나의 지인의 이야기이다. 지인 P는 오랜 시간 국가 고시를 치렀다. 30대의 중반이 될 무렵에도 시험에 붙지 않자 P는 국가 고시를 멈추고 사업을 시작하였다. 전 세계를 관통한 코로나로 인해 사업이 잘 되지 않자 P는 자주 한숨을 내쉬며 말하였다. "그때 시험을 포기하지 말았어야 했어."라고. P는 과거의 상황을 회상하며 말을 이어갔다. "점수가 정말 조금 모자랐거든. 그 당시에 집에 문제도 생기고 나이도 많아지니까 시험에 전혀 집중이 안 되더라고. 그래도 포기하지 말 걸. 끝까지 해볼 걸. 이제는 너무 늦어서 내 인생은 망했어."라고. 어느 날, 어김없이 P와의 대화가 다시 과거로 맞춰졌다. "시험으로 시간을 다 버렸어. 결혼 시기도 놓치고. 애초에 시험을 준비하지 말 걸 그랬어."

P는 바뀌지 않을 지난 일을 되새김질하며 끝없는 후회 속에 갇혀 살아가고 있다. 과거에 한 행동은 그 누구도 시간을 되돌려 바꿀 수 없다. 우리가 한 행동은 그때의 그 상황에서 끝난 것이다. 사람들은 그것을 경험이라고 부르며 그로부터 교훈을 얻는다. 자신의 삶에 진취적인 사람들은 과거로부터 교훈과 경험 이외에 다른 무언가를 갖고 오지 않는다. 그들은 오직 앞으로 마주할 일들을 위해 과거에서 얻은 경험을 참고만 할 뿐이다. 혁명가를 예로 들어보자. 그들은 결코 "내가 이전까지 이렇게 살아왔다. 따라서 내가 바꿀 수 있는 것은 없다."라고 말하지 않는다.

셰익스피어는 한 작품에서 다음과 같이 탄식하였다. "지나간 건 어쩔 수 없는 바, 슬퍼한들 이미 엎질러진 물." 또 다른 작품에서는 다음과 같이 말했다. "이미 사라진 일은 해결책까지 함께 사라졌으니 생각해본들 어찌하겠는가."

나의 아버지는 등산을 하시다가 돌아가셨다. 돌아가시는 날 아침 아버지는 나에게 물어보았다. "딸~ 오늘 뭐 해? 아빠랑 산의 정기를 마시러 등산 가지 않을래?"라고. 나는 그날 친구와의 선약이 있었다. 나는 "아니, 나 친구랑 약속 있어."라고 말하며 아빠의 권유를 거절하였다. 그게 아빠와의 마지막 대화가 될 줄 몰랐다. 생전에 아버지와 사이가 좋지 않았던 언니는 아버지가 돌아가시고 많이 울었다. 언니는 나에게 물어보았다. "그때 아빠랑 같이 등산 안 간 거 후회 안 해? 내가 너라면 엄청 후회할 것 같은데." 난 그 말에 단호하게 말했다.

"아쉬움이 없다면 거짓말이겠지. 근데 후회 안 해. 제안은 거절할 수 있거든. '그때 아빠랑 등산을 갔어야 했는데⋯.'라고 말하면서 후회한다고 죽은 아빠가 돌아오지 않아. 그리고 난 언니랑 달리 애초에 아빠한테 잘해줬거든."

언니는 나의 대답을 듣고 아무런 대답을 할 수 없었다. 만약 내가 언니의 말을 듣고 후회를 했다면? 그때의 상황을 끊임없이 돌이켜보았다면? 아마 나는 20살의 나에게 붙잡혀 있을 것이다. 바꿀 수 없는 현실을 원망하며 내 자신에게 죄책감이라는 큰 짐을 짊어지게 했을 것이다. 오랜 시간이 지나도 '그날 그랬으면'이라는 말로 나 스스로를 질책하였겠지. 하지만 시간을 되돌리기는 불가능하다. 바꿀 수 없는 일은 있는 그대로 받아들이는 편이 훨씬 낫다.

"자책은 짧게, 기억은 오래오래."

2017년 인기 드라마 〈당신이 잠든 사이에〉에서 나온 대사다. 이 대사를 참 인상 깊게 들었다. 그래서 나는 몇 년이 지난 지금도 드라마, 영화를 통틀어 이 대사를 최고의 명대사로 뽑는다. 사람은 완벽하지 않아서 실수할 수 있다. 우리는 그러한 경험으로부터 무언가를 배우고 성장하면 된다. 바꾸지 못하는 과거를 인정하고 내 실수를 받아들이며 그로부터 나아가면 된다.

하지만 대부분의 사람들이 과거를 기반으로 현재를 살아간다. 앞서 말한 과거는 시제의 하나로 현재보다 앞선 시간 속의 사건을 의미하는 것이 아니다. 지금 말한 과거는 다른 말로 함정이라고 부른다. 그 함정에 빠진 사람들은 자신의 지난 행동을 비난하며 스스로를 못마땅하게 바라본다. 그들은 자신의 과거의 행동에만 주목해서 더 이상의 새로운 시도를 하지 않는다. 물리적인 시간은 흐르지만 함정에 빠진 그들의 정신적인 시간은 그대로 멈춰서 있다.

조용의 『악몽을 먹고 자란 소년』이라는 동화책이 있다. 소년에게는 잊고 싶은 과거의 나쁜 기억들이 있다. 그 기억들은 매일 밤마다 끔찍한 악몽이 되어 소년을 괴롭혔다. 잠이 드는 게 힘든 소년은 자신의 머릿속에든 나쁜 기억 모두를 기억에서 지워달라고 마녀에게 소원을 빌었다. 소원을 빈 후 이 책에서 나온 소년은 어떻게 되었는지 궁금한가? 소년의 악몽은 지워졌지만 소년은 삶은 조금도 행복해지지 않았다. 마녀를 원망하는 소년에게 마녀는 말한다.

"아프고 고통스러웠던 기억⋯. 처절하게 후회했던 기억⋯. 남을 상처 주고 또 상처받았던 기억⋯. 버림받고 돌아섰던 기억⋯. 그런 기억들을 가슴 한구석에 품고 살아가는 자만이 더 강해지고, 뜨거워지고, 더 유연해질 수가 있지. 행복은 바로 그런 자만이 쟁취하는 거야."

동화 속 마녀의 말 '나쁜 기억들을 가슴 한구석에 품고 살아가는 자만이 행복을 쟁취하는 거야.'를 곧이곧대로 해석하지 않기를 바란다. 이 말은 과거의 트라우마에 갇혀 살라는 말이 아니다. 지난날에 매몰되어 가슴 한편에 큰 마음의 상처를 짊어지고 살아가라는 말이 아니다. 아픔에 몸서리친 기억, 후회했던 기억, 남에게 상처 주고 다시 상처받았던 기억과 같은 다양한 기억을 계기로 배우고 교훈을 삼아 성장하라는 말이다.

내가 초등학생 때 부모님이 맞벌이를 하셔서 집에 대체로 혼자 있던 친구가 있었다. 그 친구는 외로움을 많이 탔다. 친구의 부모님께서 혼자 있는 친구가 신경이 쓰여 항상 많은 용돈을 주고 가셨다. 그 친구는 그 용돈으로 친구들에게 맛있는 것을 사주며 자신과 함께 시간을 보내기를 바랐다. 그때의 나는 그 친구에게 큰 실수를 하였다. 매일 나에게 맛있는 것을 사줘서 어느 순간부터 호의를 권리인 줄 착각하였다. 갈수록 돈을 쓰는 친구에게 감사함을 느끼기보다는 당연함을 느꼈던 것 같다. 친구와 관계가 멀어졌을 때 나는 나의 행동에 큰 부끄러움을 느꼈다. 이 경험으로 나는 누군가의 호의에 감사함을 느끼며 보답하는 사람이 되었다.

웨인 다이어의 『모두에게 사랑받을 필요는 없다』라는 책에서 저자는 말한다.

"과거의 실수가 오늘의 나 자신이다. 과거는 바뀌지 않는다. 나는 지금의 나로 운명 지어졌다. 오늘은 언제나 새로운 경험이다. 불쾌했던 과거의 기억들을 끌어안지 않아야 지금 이 순간을 즐거운 경험으로 만들 수 있다."

나는 당신이 과거에 붙잡혀 현재의 삶을 잃지 않았으면 좋겠다. 누구나 과거에 자신의 행동에 부끄러움을 느끼거나 한탄을 한다. 하지만 그 바꿀 수 없는 과거에 묶여 있다면 스스로만 고통스럽다. 앞으로 나아가지 못하고 자기 자신을 학대하게 된다. 후회하는 일이 있다면 죄책감을 느낀다면 다시는 그러한 행동을 반복하지 않으면 된다. 더 이상 과거에 머무르지 말고 현재에 발에 딛고 서기를 바란다. 당신은 충분히 당신의 상처를 극복해낼 수 있는 사람이다.

너만 힘들고 괴롭다는 생각을 버려라

"당신이 동의하지 않으면 누구도 당신에게 열등감을 느끼게 할 수 없다."

– 엘리노어 루스벨트

나는 '힘들다, 지친다, 우울하다'와 같은 말을 뱉는 것을 좋아하지 않는다. 한 주에 80시간 이상 일을 하는 나를 보면 많은 사람들이 물어보고는 한다. "많이 힘들지? 피곤하겠다."라고. 그런 질문을 들을 때마다 항상 같은 말로 대답한다.

"아니요. 저보다 힘든 사람이 얼마나 많은데요. 저는 전혀 안 힘들어요. 안 힘들다고 생각하면 정말 힘들지 않아요."

그렇다면 나는 태어날 때부터 이런 마인드를 가지고 있었을까? 아니다. 나 역시 4년 전까지만 해도 종종 칭얼거리고는 했다. 누군가의 조언을 듣기 전까지.

4년 전, 나는 학교를 다니고 있었다. 그때의 나는 수원에 살고 있었다. 내가 다니던 학교는 성북구 쪽이었다. 집에서 학교까지 왕복 4시간 거리였다. 우스갯소리로 들은 '경기도민은 인생의 절반을 대중교통에서 보낸다.'라는 말에 저절로 고개가 끄덕여졌다. 아침 수업이 9시면 새벽 6시 전에 일어나서 씻고 준비를 해서 학교를 가야 했다.

학교 수업을 듣다 SNS에서 보기만 한 조별 과제를 하게 되었다. 원래 그전까지는 조별 과제가 헬이라는 소리에 공감을 하지 못하였다. 조원들이 제대로 안 한다는 이야기에 '조장이 잘 이끈다면 해결될 문제가 아닌가?'라는 생각을 하곤 했다. 막상 조별 과제를 진행해보니 조원들의 시간을 맞추기도 어려우며 협조적이지 않다는 것을 알게 되었다.

그 당시 내가 진행한 조별 과제는 '타이포그래피'라는 디자인 전공 수업이었다. 5명이 한 조가 되었는데 그중에 나이가 많은 복학생 오빠가 있었다. 수업 과제가 문구를 입체로 만드는 작업이었는데 만나기 전에 문구를 하나씩 생각해 오기로 했다. 하지만 조원들끼리 만났을 때 나를 제외하고 그 누구도 과제 문구를 생각해 온 사람이 없었다. 나는 내가 진행하고 싶은 방향과 문구를 조원들에게 설명했다. 다른 조원들은 수동적이어서 내가 이야기한 그대로 진행하자고 이야기가 나왔다.

갑자기 복학생 오빠가 말했다. "네가 말한 대로 하는 건 별로인 것 같은데."라고. 당연히 내 의견이 마음에 들지 않을 수 있다. 그래서 나는 "다른 문구 진행하고 싶은 스타일이 있어?"라고 물어보았다.

"아니, 나는 이 과제에 대해서 아직 생각은 안 해봐서 없는데, 일단 네가 말한 건 아니야."

복학생 오빠의 대답을 듣고 화가 났다. '지금 뭐 하는 거지?', '장난하나?'와 같은 말이 목구멍까지 올라왔다. 다른 사람들 다 있는 곳에서 화를 내며 분위기를 망치고 싶지는 않았다. "그럼 다음에 만날 때까지 다시 문구 생각해 오는 걸로 하자. 다음 번에 이야기 나누고 픽스하자."라고 말하며 조별 과제 첫 만남을 마무리 지었다.

그날 친한 오빠 K에게 전화를 하며 칭얼거리고 있었다. "아니, 그 복학생 뭐 하는 놈이지? 남의 이야기 거절할 거면 그에 따른 대안은 준비하고 말해야 하는 거 아닌가? 학교 거리도 멀고, 과제도 많고, 조별 과제 이건 또 뭐야. 정말 힘들잖아."라고 투덜거림이 한창일 때 친한 오빠 K가 대답했다.

"루미야. 세상 사람들 다 힘들어. 너만 힘든 거 아니야."

오빠 K의 단호한 목소리에 순간 당황했다. 지금 돌이켜보면 그 당시의 나는 내가 힘든 상황이라는 것을 남에게 확인받고 싶어 했던 것 같다. "아니, 내가 미대생이라서 과제가 많잖아…."라고 조그맣게 대답하였다. K는 잠깐 뜸을 들인 후 말했다.

"난 공대생이잖아. 과제는 공대생도 많아. 조별 과제? 대학교 다니는 애들 다 한다. 세상 사람들 다 힘들어. 근데 다 참고 사는 거야. 너만 힘든 거 아니야. 너보다 힘든 사람도 많아."

친한 오빠 K의 말에 누군가가 내 뒤통수를 망치로 때린 것과 같은 느낌을 받았다. 그 오빠에게 칭얼거렸던 나 자신이 너무 부끄러웠다. 오빠 K와의 통화를 끊고 오빠 K가 나에게 해준 말을 되새겨보았다. '너보다 힘든 사람 많아. 세상 사람들 다 힘들어.'라는 말은 틀린 말이 아니었다.

세상에 안 힘든 사람이 어디 있을까? 모든 사람들이 각기 다른 상처와 삶의 고난들을 가지고 살아간다. 심지어 나보다 더 안 좋은 상황을 겪고 있는 사람들도 많다. 더 힘든 사람들도 많을 것이다. 어쩌면 나의 힘듦은 힘든 게 아닐지도 모르겠다는 생각이 들었다. 다들 이렇게 살아가는 거라면 굳이 힘들다고 불평 불만할 필요는 없겠다는 생각이 들었다. 이날을 기점으로 나는 그 누구에게도 '힘들다, 지친다, 우울하다'와 같은 말을 뱉지 않게 되었다.

내가 존경하는 작가 중에 '웨인 다이어'라는 사람이 있다. 웨인 다이어는 아버지의 부재로 어린 시절부터 고아원과 위탁 가정을 전전하며 자랐다. 하지만 그런 자신의 상황에 낙담하지 않고 긍정적이고 굳은 의지로 꿈을 포기하지 않았다. 이제는 수십 권의 저서와 수많은 강연, TV와 라디오에 나오는 유명한 사람이 되었다. 그의 저서 『인생의 태도』에서 그는 말했다.

"내가 어떤 문제, 어떤 상황에 처해 있든 아무 상관이 없습니다. 그 문제에 대한 '태도'가 상관 있는 겁니다. 저는 지금까지 살아오면서 어느 순간 내면의 성장이란 전적으로 자신의 책임에 달려 있다는 사실을 이해하게 되었습니다. 내면에서 혹은 바깥에서 무슨 일이 벌어지든 전적으로 나에게 달려 있음을 깨달아야 합니다. 모든 일은 나 자신에게서 비롯됩니다."

이 말의 뜻을 당신에게 일어난 안 좋은 상황이 네 탓이니 자책하고 죄책감을 가지라는 말이 아니다. 살다 보면 다양한 일을 겪게 된다. 질병이나 교통사고와 같은 예기치 못한 상황 또한 겪게 될 것이다. 웨인 다이어의 말은 통제할 수 없는 상황을 마주할 때 자신이 마음먹기에 따라 그 상황에 대해 느끼는 감정이 달라질 수 있다는 것을 의미한다. 다시 말해 내감정은 내가 경험한 일을 어떻게 인지했느냐에서 온다는 말이다.

웹툰 〈닥터 앤 닥터 육아일기〉를 연재하는 작가 이대양은 네이버에 웹툰 연재가 확정되었을 때 림프종 4기 확진을 받았다. 암을 확진 받는 과정에서 이대양 작가는 '내가 왜 이 병에 걸렸는가?', '왜 나한테 이런 일이 일어난 건가?'와 같은 분노를 했다고 한다. 하지만 이대양 작가는 암 병원에 다니다 마주하게 된 많은 소아암 환자를 보고 세상에 대한 원망과 자책을 멈췄다. 그 당시를 회상하며 인터뷰한 말이다.

"그 소아암 걸린 친구들은 정말 암에 걸릴 이유가 없는 아이들이잖아요. 유전적인 이유를 말한다면 제 유전자라고 해서 100% 완벽한 건 아닐거잖아요. 그래서 '질병에 걸린다는 게 내가 아닐 이유는 없구나. 내가 걸려야 될 이유도 없지만 내가 뭔가 아닐 이유도 없구나.'라고 생각이 들었습니다."

그 생각을 기점으로 이대양 작가는 긍정적이게 생각하려고 했다고 한다. 림프종은 불행 중 다행히도 3기, 4기에도 완치를 기대할 수 있는 암이라고 한다. 작가님은 항암 치료 결과가 좋은 편이었고 혹시 모를 재발의 위험을 피해 건강 관리를 하고 있다. 놀랍게도 그런 상황을 겪고 있는 와중에도 네이버 연재를 멈춘 적이 없었다. 지금도 계속 웹툰을 연재 중이다.

인생이 너무 힘들고 괴롭다는 생각으로 가득 차 있는가? 다른 사람들은 그럭저럭 괜찮은 삶을 살아가는 것 같은데 당신만 불행한 것 같은가? 그런 생각을 하고 있다면 당장 집어치워라. 주부든 학생이든 의사든 국회의원이든 저마다 인생을 살면서 다양한 문제에 부딪힌다. 당신만 힘들고 괴롭다는 생각을 한다면 오만이다. 인간은 생각보다 훨씬 비합리적이고 비논리적이라 나의 말대로 쉽게 생각이 변하지는 않을 것이다. 하지만 기억하라. 당신의 마음먹기에 따라 당신에게 벌어진 일은 전혀 힘든 일이 아닐 수 있다는 것을. 당신의 생각에 따라 당신이 겪은 일은 전혀 괴로운 일이 아닐 수 있다는 것을.

남 탓, 세상 탓을 하지 마라

내 친구 A는 직장 상사 때문에 스트레스를 심하게 받고 있었다. "사장님이 날 너무 함부로 대해. 다른 직원들 웃겨 보겠다고 왜 나를 깎아내리는지 모르겠어.", "사장님은 친구가 없나 봐. 휴일에 놀자고 연락 온다니까. 미친 거 아니냐?"

다른 친구 B는 종종 자신의 연인의 문제점을 털어놓고는 했다. "내 남자친구는 시간 약속을 안 지켜. 30분 뒤 약속이라고 잠깐 잠들었대. 그래서 한 시간 넘게 기다린 게 몇 번째인지. 짜증 나 죽겠어."

나는 친구 A에게 "세상에 회사 많다. 스트레스 너무 심하게 받으면 그만두고 다른 회사 찾아봐."라고 이직을 권유했다. 친구 B에게는 "시간 약속을 안 지킨다는 건 굉장히 큰 흠인데. 헤어지는 것도 진지하게 생각해봐."라고 이야기했다.

나의 이야기를 들은 두 친구는 대답하곤 했다. "어? 근데 그게 그러니까…" 잠깐. 여기서 '그러니까'가 왜 나오는 것인가? 마음에 들지 않는 상황에 대한 변호를 왜 하려는 것인가?

내 친구들처럼 당신도 다니는 직장의 문제라든지, 연인과의 문제라든지, 다이어트나 운동에 대해 고민하고 있지는 않은가? 그래, 좋다. 이직해라. 연인과 헤어져라. 건강식을 먹어라. 하루 30분이라도 걸어라. 아주 간단한 일이다.

내가 남의 일이라고 쉽게 말하는 것 같은가? 당신도 내 친구들처럼 '그러니까'라고 말하며 직장을 그만두지 못하는 이유, 연인과 헤어지지 못하는 이유, 다이어트나 운동이 쉽지 않은 이유를 이야기하고 싶은가? 그렇다면 사실상 당신은 지금 그대로 사는 게 참을 만한 게 틀림없다. 당신의 무의식 속에서 이대로 사는 것도 나쁘지는 않다고 생각하고 있음이 틀림없다. 그렇지 않고서야 그 상황을 바꾸려 하지 않는 이유가 설명되지 않지 않는가!

당신이 당신의 상황을 바꾸기 위해 어떠한 노력도 하지 않는다면, 다시 말해 당신의 상황을 기꺼이 버티고 있다면, 좋든 싫든 그게 바로 당신이 선택한 삶이다.

〈슬기로운 의사 생활 2〉에서 아기를 잃은 산모에게 산부인과 의사 석형은 이러한 문자를 보낸다.

"때때로 불행한 일이 좋은 사람들에게 생길 수 있다."

당신 의사와는 전혀 상관없게 당신에게 좋지 않은 일들이 일어날 수 있다. 회사 상사가 그런 정신병자일지 어떻게 알았겠는가? 당신의 연인에게 그렇게 큰 결점이 있는지 어떻게 알았겠는가? 다이어트에 성공한 사람도 많던데 실제로 해보니 그렇게 어려운지 어떻게 알았겠는가? 하루 운동하러 나갔는데 그렇게 근육통이 올지 어떻게 알았겠는가? 이렇게 인생에서 벌어지는 일 중에 당신의 의사와 전혀 무관하게 일어나는 일들이 있을 수 있다.

하지만 당신이 그러한 사건들을 겪은 이후에 어떻게 살 것인가에 대해서는 스스로에게 선택할 결정권이 주어져 있다. 즉, 그 사건 이후에 어떻게 사느냐는 100% '당신 책임'이라는 말이다.

남 탓 하지 마라.

세상 탓 하지 마라.

환경, 상황 탓 하지 마라.

운도 그만 탓하라.

당신의 어린 시절이나 부모 역시 그만 탓하라.

2016년 JTBC〈김제동의 톡투유-걱정 말아요 그대〉에서 김제동은 젊은이들에게 조언해주는 멘토가 되었다. 그는 앞으로 뭘 할지 몰라서 취직을 못 하고 있다는 한 취준생에게 "스스로가 죄인 같으냐. 뭘 해야 할지 모르면 안 되나? 아무것도 안 하면 아무 쓸모 없는 사람인가. 아픈 사람들은 아무 쓸모 없는 사람들인가?"라고 반문했다. 이어 "젊은 친구들한테 왜 취직 안 하냐고 묻지 마라. 그건 '왜 그렇게 생겼느냐.'라고 묻는 것과 똑같다. 그럴 거면 스무 살 될 때 재깍재깍 취직이 되는 사회를 만들어놓든가."라고 사회를 비판했다.

혹시라도 위의 강연 내용에 위로를 받고 있는가? 제발 정신 차려라.

김제동의 말처럼 스무 살이 될 때 재깍재깍 취직이 되는 사회가 아니어서 당신이 취준생이 되었다고 생각하는가? 연인과의 약속이 있어 다이어트를 못 한다고 생각하는가? 집이 가난해서 당신에게 기회가 주어지지 않았다고 생각하는가? 세상이 불공평해서 당신 삶이 초라하다고 생각하는가? 이렇게 누군가를 탓하는 짓을 제발 그만둬라. 계속 타인과 외부 요인에서 당신 삶의 불행함을 찾는다면 당신의 삶은 아무것도 달라지지 않는다.

인생에서 벌어지는 일 중엔 당신에게 안 좋은 일도, 당신의 의사와 무관한 일도 있을 수 있다. 하지만 그 사건들 이후에 어떻게 사느냐는 당신의 선택에 달려 있다. 즉, 지금의 당신은 당신의 인생에서 당신이 했던 선택들로 이루어져 있다.

"군자구저기 소인구저인(君子求諸己, 小人求諸人)"

— 공자

군자는 자기 탓을 하고 소인은 남 탓을 한다는 말이다. 누군가의 탓으로 돌리지 말라는 말을 순전히 자기 탓으로 돌려 자책감을 가지라는 말로 오해하면 안 된다. 자기 자신을 비난하거나 선택 장애의 희생자로 만들지 말라는 말이다. 그렇게 자기 자신만을 탓하는 것은 아무짝에도 쓸모없는 일이다.

오로지 당신이 해야 하는 것은 당신 자신의 행동과 선택이 모여 당신의 모든 상황이 만들어졌다는 것을 깨닫는 것이다. 당신이 당신의 마음에 들지 않는 상황을 바꾸려고 노력하지 않았다는 사실을 인정하라는 것이다. 그러면 최소한 당신의 현실을 곧이곧대로 받아들일 수 있게 된다.

예를 들어보자. 당신은 부자가 되고 싶다. 돈을 많이 벌어 펜트하우스, 슈퍼카를 사고 싶다. 마치 일론 머스크처럼. 그러면 당신은 하루에 14시간씩 일할 수 있겠는가? 주 7일 하루도 빠짐없이. 위험을 감수하며 다양한 일을 시도할 자신이 있는가? 타인의 무수한 시샘과 질투를 감당해낼 자신이 있는가?

아니면 남들이 부러워하는 몸매를 가지고 싶다고 가정해보자. 당신은 최소 주 5일간 2시간씩 운동할 자신이 있는가? 친구들과 술자리를 가지느라 건강 식단이 무너지는 것을 막을 수 있겠는가? 당신이 좋아하는 고칼로리 음식을 멀리할 수 있겠는가?

당신은 당신의 상황을 변화시킬 어떠한 행동도 하지 않았다는 사실을 인정해라. 그리고 그동안의 당신의 상황에 대한 책임을 타인과 외부 요인에 돌려 왔음을 직시하라. 그러면 당신은 당신의 현실에 대한 원망과 후회로 가득 차지 않게 될 것이다.

누군가를 탓하는 불만스러운 삶을 그만두고 원하는 삶을 살고 싶은가?

정말로 그걸 원한다면, 쟁취하라. 지금 당장. 전략적으로 계획을 짜고, 행동해서 당신이 원하는 삶을 얻어내라.

이제부터 남 탓, 세상 탓 하지 마라. 그 어떠한 이유 때문에 당신이 원치 않는 상황이 만들어졌다고 생각하지 마라. 왜냐하면 앞으로 일어나는 모든 일은 당신의 선택과 행동으로 인한 결과물이기 때문이다. 내가 좋아하는 명언을 하나 알려 주겠다.

"어제와 똑같이 살면서 다른 미래를 기대하는 것은 정신병 초기 증상이다."

– 아인슈타인

06

너 자신을 과소평가하지 마라

나에게는 고등학교 3년 내내 같은 반이었던 절친한 친구가 있다. 내 친구 S는 고등학교 때 성적이 좋지 않았다. 하지만 고등학교 졸업 후 입학한 대학교에서는 항상 높은 성적을 받았다. 나는 친구의 대학 성적을 듣고 "우와 정말 열심히 했구나! 굉장한데~"라고 말하였다. 나의 칭찬을 들은 친구는 멋쩍은 미소를 띠며 대답했다.

"아니야, 어쩌다 보니까 운이 좋았던 거지. 다음 번에는 이렇게 높은 성적은 힘들 거야."

친구 S는 좋은 성적으로 전문대를 졸업하였다. 친구 S는 스스로의 공부량이 부족하다고 느껴 편입을 하였고 학사학위를 취득하였다. 나는 휴학 한 번 없이 열심히 공부하는 친구 S가 대단하다고 느껴졌다. 친구 S는 나의 긍정적인 평가를 듣고 대답하였다.

"아니야, 대단한 애가 얼마나 많은데. 나는 하나도 안 대단해."

내 친구 S처럼 주변에서 자기 자신이나 자신이 하는 일에 대해 과소평가하는 사람을 흔하게 볼 수 있다. 자기 자신을 과소평가하는 사람들은 하루에도 수없이 "이렇게 근사한 자리에 과연 내가 있어도 되나? 나는 여기에 있는 다른 사람들만큼 대단한 사람이 아닌데.", "내가 있던 자리가 나에게 준 기회였어. 내가 훌륭해서 된 게 아니야."라고 말하며 스스로를 깎아내린다.

"무언가를 잘 해낼수록 점점 저 자신이 더 무능력하다는 느낌이 커졌어요. 시간이 지나면 사람들이 제가 무능하다는 걸 다 알아차릴 것만 같았죠."

영화 〈해리포터〉에서 헤르미온느를 연기해 11세 때 스타가 된 엠마 왓슨이 한 말이다. 엠마 왓슨은 세계적으로 인정받는 배우이다. 놀랍게도 그녀 역시 스스로가 이룬 성취를 자신의 실력과 노력으로 얻은 게 아닌 순전히 운이라고 생각하고 있었다. 뿐만 아니라 지난 2015년 5월, 배우 나탈리 포트만은 자신의 모교 하버드대학교에서 졸업생을 위한 연사로 섰다. 그녀는 자신이 하버드대학교에 입학한 후 오랜 시간 가지고 있던 속내를 고백하였다.

"하버드대학교 입학하던 날에 느꼈어요. 이건 실수라고. 난 이 사람들과 함께 있을 정도로 충분히 똑똑하지 못했거든요. 그 후 매 순간 '난 멍청한 여배우가 아니야!'라는 걸 증명하는 데 너무 많은 애를 쓰고 시간을 소비했어요. 일부러 신경생물학이나 고급 히브리어 문학처럼 어려운 수업만 골라 들었죠. '사실 나는 유명해서 이 학교에 들어올 수 있었던 것 아닐까?'라고 생각했고 남들도 나를 그렇게 봤어요."

이러한 연설을 한 나탈리 포트만은 6개의 국어를 구사할 만큼 똑똑하다. 많은 사람들이 자신이 이룬 성과에 대해 친구나 회사 상사가 칭찬을 하면 '운이 좋았던 것뿐이야.', '주변 사람들이 많이 도와줬어. 진짜 내가 한 건 별로 없어.'라고 말하며 자신의 능력을 곧이곧대로 인정하지 않는다. 도대체 왜 이런 생각을 하고 있는 것일까?

1978년 미국 조지아주립대학교의 폴린과 수잔은 자신감이 결여된 내면의 불안 심리를 가진 사람들을 연구하였다. 그들은 이러한 심리를 '가면 증후군'이라고 부르기 시작했다. 가면 증후군이란 외부적으로 이미 성공을 이뤘지만 스스로 자신의 업적을 의심하는 증상을 뜻한다. 자신의 성공을 순전히 운과 인맥 같은 외부 요인으로 얻은 것으로 생각하고 주변 사람들을 속이고 있다고 불안해한다. 이러한 심리는 자신이 최악의 상황에 마주하였을 때 받을 수 있는 심리적 충격을 최소화하기 위한 방어기제로 나타난다고 한다.

나 역시 고등학교 때 다니던 입시 미술 학원에서 들었던 말로 나 스스로를 오랫동안 과소평가하였다. 나는 어릴 때부터 미술을 배웠다. 하지만 실질적으로 입시 미술을 다니게 된 것은 고등학교 2학년 5월부터였다. 내가 다니던 미술 학원은 '사고의 전환' 위주의 수업을 해서 소묘를 자주 그렸다. 학원에서는 그림 주제를 주고 시간을 정해주었다. 그림을 다 그리면 벽에 학생들의 그림을 붙였다. 그런 다음 원장 선생님이 교실에 들어와 그림을 평가하셨다. 평가할 때마다 기분 좋게 원장 선생님이 나에게 칭찬을 해주셨다.

"선이 좋네. 이런 식으로 덩어리 감을 찾아서 그려주면 좋아. 잘 그렸어."

3주 내내 칭찬을 들으니 소묘도 좋고, 그림 그리는 게 참 재미가 있었다. 그날도 주제를 받고 소묘를 그렸다. 나의 기억력이 좋아서인지, 원장 선생님의 평가가 충격으로 다가와서인지 그날의 주제가 아직도 선명히 기억난다. '주전자'. 인공물을 그렸던 날이었다. 그 무렵 나는 계속 칭찬을 듣고 있었던지라 내심 또 어떤 칭찬을 들을까 기대를 하고 있었다. 원장 선생님은 학생들이 그린 그림을 한 개씩 가리키며 이야기를 해주셨다. 내 그림의 차례가 왔다.

"이루미가 그린 그림이야? 인공물은 이런 식으로 그리면 안 돼. 자연물처럼 단순히 덩어리를 잡는 게 아니라 빛이 비치는 느낌을 잘 살려야 한다고. 역시 그림을 늦게 시작해서 그런지 한계가 보이네."

그때의 나는 '그림을 늦게 시작해서 한계가 보인다.'라는 말에 큰 충격을 받았다. 귓가에 원장 선생님의 평가가 맴돌았다. '늦게', '늦게', '한계', '한계'. 나는 나도 모르게 나에게 '그림을 늦게 시작해서 자연물만 잘하는 애'라는 낙인을 찍었던 것 같다. 어떤 주제가 나올지 모르니까 더 이상 소묘가 좋지가 않았다. 그림에 대한 자신감이 사라졌다. 성인이 된 이후에도 한참 동안 나 자신을 낮춰 말했다. 누군가가 나에게 그림을 잘 그린다는 칭찬을 하거나 디자인 감각이 있다는 말을 하면 손사래를 쳤다.

"아니에요. 저보다 잘하는 애들이 너무 많아요. 저는 좀 늦게 시작한

편이라."

"제가요? 경험이 많은 편은 아니라 잘할지 모르겠어요."

지금 글을 적으면서 새삼 과거의 내가 참 못났었다는 생각이 든다. 그렇다면 내가 어떻게 나 자신을 인정할 수 있는 사람이 되었는지 궁금한가? 내가 나를 과소평가하던 버릇을 없앨 수 있었던 이유는 생각을 조금 바꿔보았기 때문이다.

세상은 공평하지 않다. 누군가가 나에게 기회를 준다? 내가 그만큼 믿을 만한 사람이니까 기회를 주는 것이구나. 운이 좋았다? 운을 놓치는 사람도 많은데 운을 잡아낸 것도 내 실력이구나. 나를 도와준 인맥이 있다? 그런 유능한 인맥을 알고 있는 것도 내 능력이다. 나에게 작용한 모든 외부 요인은 내가 만들었구나.

당신도 생각을 조금만 바꿔보기를 바란다. 운을 놓치지 않고 잡아낸 것도 당신의 실력이라고. 당신을 도와준 인맥도 당신의 능력이라고. 당신에게 작용한 모든 외부 요인은 당신이 만들었다는 사실을 알아채기를 바란다.

혹시 타인의 기대에 실망시킬까 봐 두려운 건가? 그래서 자신을 낮추고 있는가? 그렇다면 이 말도 명심하기를 바란다. 당신이 누군가의 일을 하겠다고 수락을 한 게 기대를 시킨 게 아니라는 사실을. 혹시라도 타인이 당신에게 기대를 했다면 기대를 하고 나서 겪는 실망감은 타인이 감당해야 한다는 사실 말이다.

몇 개월 전, 퇴근 시간에 3호선 지하철에서 기관사의 말이 울렸다.

"사람들은 자신이 하지 않은 일은 과대평가하고 자신이 이미 한 일은 과소평가하는 경향이 있다고 합니다. 제가 보기에 경기도와 서울을 매일 오가며 출퇴근하는 것 자체만으로 여러분은 대단한 일을 하고 있으신 것이라 생각합니다. 오늘 하루도 수고 많으십니다."

사람의 가능성은 무한하다고 한다. 또한 내면의 생각은 스스로에게 큰 영향을 끼친다. 나는 당신이 스스로를 과소평가함으로 당신의 가능성의 문을 닫지 않았으면 한다. 스스로의 능력이나 가치를 낮잡아 보는 것은 자신을 과신하고 부풀리는 것만큼이나 잘못된 일이다. 당신은 당신이 생각하는 것 이상으로 잘하고 있으며 대단한 사람이다.

07

다른 사람과 자신을 비교하지 마라

테일러 스위프트가 자살 시도를 했던 한 팬에게 쓴 손편지에 이런 내용이 적혀 있었다고 한다.

"절대 다른 사람과 자신을 비교하지 마세요. 그건 내 비하인드 신과 그 사람의 하이라이트 신을 비교하는 짓이에요."

이제는 위의 문장을 SNS나 책에서 많이 접해보았을 것이라고 생각한다. 다른 사람이 잘 꾸미고 포장해서 올린 사진인 것을 알아도 부러움이 생기고, 나 자신에게는 초라함을 느끼게 된다. 도대체, 어떻게 해야 다른 사람과의 비교를 멈출 수 있을까?

6년 전, 내가 스무 살 때 나는 전형적인 SNS의 중독자였다. 시간이 날 때마다 페이스북과 인스타그램을 들어가 하염없이 스크롤을 내리곤 했다. 나는 내가 본 모든 피드에 '좋아요'를 눌렀다. 친구들이 나를 '좋아요 충'이라고 부를 정도였다. 그런 내가 어떻게 SNS를 끊고 남과의 비교를 멈추었는지 궁금한가?

2015년 12월, 나는 친구와 수원역에서 놀고 있었다. 흥을 깨는 전화벨 소리. "아빠가 산 내려오다가 크게 다쳤대. 지금 구로 고려대 병원이라는데 빨리 와. 엄마도 지금 가는 중이야."라고 엄마한테 전화가 왔다. 엄마와의 통화를 막 끊었을 때는 사실 큰 걱정을 하지 않았던 것 같다. 등산을 즐기던 아버지여서 '크게'라는 말에 의미 부여를 하지 않았다.

친구의 "루미야, 아버지 다치신 거면 큰일 아니야? 빨리 가보자."라는 말에 고려대 병원으로 출발하기 시작했다. 친구와 함께 병원을 가는 중 입원한 아버지의 모습을 상상해보았다. "딸~ 살짝 미끄러졌네. 크게 다친 건 아니야." 웃으며 나를 반겨줄 것 같았다.

병원을 가는 길에 엄마한테 전화를 걸었다. "엄마, 어디야? 나 지금 지하철 내리고 택시 타고 들어가는 중. 아빠 많이 다친 거 아니지?" 돌아온 엄마의 대답에 심장이 철컹 내려앉았다.

"아빠 돌아가셨어. 병원 도착하면 영안실로 와."

나에게 도대체 무슨 일이 일어난 건지 혼란스러웠다. "거짓말하지 마. 이런 걸로 장난치지 마."라고 퉁명스럽게 대꾸했다. "거짓말 아니고 정말 아빠 돌아가셨어. 영안실로 와."라는 엄마의 단호한 대답과 함께 전화가 끊겼다. 지금 다시 돌이켜보면 엄마 역시 갑자기 일어난 집안의 초상에 넋이 빠져 있었던 것 같다. "아버지 괜찮으시대?"라며 친구가 조심스럽게 나를 보며 물었다. 나는 "아니, 우리 아빠 돌아가셨대."라는 말을 뱉음과 동시에 눈물이 터져 나왔다. 달리는 택시 안에서 오열을 했다.

영안실에서 돌아가신 아버지를 마주했을 때 아버지가 날 웃으며 반겨줄 상상을 했던 나 자신이 우스웠다. 크게 다쳤다는 전화를 심각하게 받아들이지 않은 나에게 화가 났다. 시간이 지남에 따라 언니들과 오빠가 병원에 도착했다. 아빠와 사이가 좋지 않았던 둘째 언니는 바닥에 자지러지며 울었다. 첫째 언니도 계속 울었다. 초점을 잃은 엄마의 표정은 멍했다. 오빠는 생각이 참 많아 보이는 것 같았다.

언니들의 하염없이 우는 모습을 바라봐서였을까? 넋 나간 엄마의 고군분투를 바라봐서였을까? 택시에서 내린 이후 눈물샘이 마른 착각이 들었다. 더 이상 울 수 없었다.

아버지의 장례식이 끝나고, 가족 모두 마음에 큰 구멍이 뚫렸다. 나는 나의 공허한 마음을 누군가에게도 보이고 싶지 않았다. 아무에게도 약해진 나를 보이고 싶지 않았다. 겉으로는 웃고 속으로 우는 나의 모습을 들킬까 봐 부끄러웠다. 그래서 친구와의 연락을 멀리했다. 스스로 고립의 상태가 되었다. 나는 내 마음의 공허함을 음식으로 채워나갔다. 나중에 살이 많이 쪄 있다는 걸 자각한 순간 스스로가 한심했다. 그 당시에 나는 내가 참 못났다고 생각을 했었다.

어느 날 내가 연락을 멀리한 친구들의 근황이 궁금해졌다. SNS를 켜 스크롤을 내렸다. 친구들의 모습은 참 고왔다. 20대 초반의 풋풋한 여대생들의 모습이었다. 한창 벚꽃이 필 무렵이라 친구들은 벚꽃과 어우러진 사진을 많이 올려놓았다. 학교에서 여러 명이 웃으면서 찍은 사진, 함께 음식 먹는 사진. 다양한 사진이 올라와 있었다. 친구들이 올린 사진을 구경하다가 순간적으로 짜증이 났다.

"나는 뭐 하고 있는 거지?"
"나도 20대 초반인데 왜 나는 이렇게 뚱뚱하고 안 곱지?"

친구의 행복에 질투하는 내 모습에 화가 나 핸드폰을 꺼버렸다. 까만 액정에 내 얼굴이 비쳤다. 살찐 후덕한 얼굴에 많은 감정이 담겨 있었다.

친구에 대한 부러움과 질투, 나 자신에 대한 분노, 초라함, 속상함. 문득 생각이 들었다.

"나는 지금 내가 얼마나 초라하고 추한지 확인하려고 SNS를 본 건가?"

그 질문의 대답은 '아니'였다. 타인의 삶과 내 삶을 비교하며 나의 못난 모습을 확인하고 우울해하는 내가 보기 싫어 SNS를 지웠다. 당신에게 묻고 싶다.

"당신은 남과 자신을 비교하면서 당신이 얼마나 비참하고 초라한지를 확인하고 싶은가?"

당신 역시 나와 같은 '아니'라는 대답을 하겠지. 우리는 미디어의 발달로 너무 쉽게 타인의 삶을 볼 수 있게 되었다. 정보의 범람 속에서 타인에 대한 정보에 끊임없이 노출된다. 아름다워 보이고, 재미있어 보이고, 유용해 보이고 등등. 다양한 이유로 타인의 삶이 우리의 궁금증을 자극한다. 미국 유명 커뮤니티 사이트에서 한 인기 글을 읽었다.

"어떤 사람은 25세에 CEO가 되었습니다. 그리고 50세에 사망했습니다. 반면 또 어떤 사람은 50세에 CEO가 되었습니다. 그리고 90세까지 살았습니다. 오바마는 55세에 은퇴했습니다. 그리고 트럼프는 70세에 시작했습니다.

세상의 모든 사람은 자기 자신의 시간대에서 일합니다. 당신 주위에 있는 사람들이 당신을 앞서가는 것처럼 느낄 수 있습니다. 어떤 사람들은 당신보다 뒤처진 것 같기도 합니다. 그런 사람들을 부러워하지도 말고, 놀리지도 맙시다. 그들은 그들의 시간대에 있을 뿐이고, 당신도 당신의 시간대에 있는 것뿐입니다.″

이 글의 내용처럼 세상 사람들 모두 각자만의 시간대에서 일하고, 생활한다. 나보다 어린 사람이 더 많을 돈을 번다고 부러워할 필요가 없다. 동갑인 친구가 좋은 곳을 놀러 다니는 것을 보며 질투할 필요가 없다. 같은 나이에 취직했는데 승진이 빠른 친구를 보며 샘을 낼 필요도 없다. 그뿐만 아니라 '나는 뭐 하고 있지?', '나는 오늘 왜 이렇게 옷을 못 입었지?'와 같은 자책도 그만둬라.

이러한 비교가 계속된다면 타인의 행복을 축복해주는 것이 아니라 나도 모르게 폄하하게 된다. 타인의 행복을 실력이 아니라 운이 좋았다고, 인맥의 덕을 보았다고 깎아내리게 된다. 타인의 행복을 진심으로 축하해주지 않아도 된다. 하지만 굳이 깎아내릴 필요는 없지 않겠는가?

그래도 비교를 멈추지 못할 것 같은가? 그렇다면 당신을 기준으로 더 잘나고 멋진 사람 말고 더 못 살고 힘든 사람을 보는 것은 어떤가? 가족의 병원비가 모자라 기부를 받는 사람이나 하루 한 끼도 제대로 해결하지 못하는 사람 말이다. 타인의 불행을 위안으로 삼으라는 내가 미친놈 같은가? 그들과 당신을 비교하는 게 말도 안 된다고 생각이 드는가? 바로 그거다! 가난하고 불행한 사람과 비교하며 당신의 삶에 위안과 행복을 찾는 게 말이 안 된다고 느껴진다면 돈 많고 잘난 사람과 당신을 비교하며 비참하고 초라해짐을 느끼는 것도 말이 안 된다.

다른 사람들의 잘 가꾸어놓은 모습을 바라보며, 당신의 궁상맞은 일상과 비교하지 마라. 비교하며 자신을 비참하게 하는 행동을 제발 멈춰라. 명심하라. 당신은 당신만의 시간대를 걷고 있다. 다른 사람에 대한 동경을 멈추고 자신만을 바라보며 살며 자신의 삶에 충실하라.

세상은 당신을 구원해주지 않는다 당신을 구할 수 있는 건 당신 자신뿐이다

행복한 어른이 되는
자존감 수업

2장

자신을 함부로 대하는 너에게

감정이 나를 망치게 두지 마라

"우리의 일상 생활에서 가장 조심해야 할 것은 사소한 감정을 어떻게 처리하느냐 하는 문제다. 사소한 일은 계속 발생하며, 그것이 도화선이 되어 큰 불행으로 발전하는 일이 적지 않기 때문이다"

— 알랭

당신은 감정을 어떻게 해결하는가? 우리는 흔히 볼 수 있다. '나는 감정적인 사람이다.'라는 이유로 자신의 부정적인 감정을 빈번하게 드러내는 사람을 말이다. 그런 사람들은 부정적인 감정을 끊임없이 배설하며 악순환을 만들며 살아간다. 예를 들어 회사에서 중요한 계약이 체결되지 않아 상사의 기분이 좋지 않다. 중요한 계약이 체결되지 않은 것은 굉장히 안타까운 일이다. 감정적인 사람들은 그런 일이 발생하면 계약과 관련된 직원들부터 계약과 상관도 없는 사람들에게까지 짜증을 부리고 화를 낸다. 표독스러운 눈초리를 하며 '아무거나 걸리기만 해 봐. 가만 안둔다.'라는 경고를 온몸으로 뿜어낸다. 실제로 내가 다니던 회사 대표님은 자신의 아이디와 패스워드를 잊어버렸는데 고객 센터에서 찾을 수 없다고 짜증을 내기도 하였다.

스무 살 여름, 유동 인구가 많은 터미널에서 편의점 알바를 하기 시작하였다. 평일 5일간 오전 7시부터 14시까지 총 7시간씩 근무를 했다. 편의점 알바가 내가 처음 한 알바는 아니었다. 그 전까지는 백화점에서 알바를 했었으니까. 그런데 환경이 달라져서였을까? 편의점 알바를 통해 그 전까지는 이해하지 못했던 "서비스직 알바는 인류애를 상실시킨다."라는 말을 이해할 수 있었다.

결제 수단인 카드와 돈을 던지는 사람들, 소리를 지르는 사람들, 아무렇지 않게 반말을 하는 사람들, 욕하는 사람들까지 별의별 사람을 경험할 수 있었다. 그때는 환경보호 차원으로 봉투 값을 20원을 받기 시작할 무렵이었다. 구매하신 상품이 많은 손님께 여쭤보았다. "봉투 값 20원 추가인데 담아드릴까요?"라고. 손님은 나의 물음에 짜증이 섞인 목소리로 투박하게 대답했다.

"그럼 이 많은 양을 그냥 손으로 들고 갈까? 당연히 담아줘야지."

SBS 〈백종원의 골목식당〉에서 백종원은 말한다. "알바생의 불친절한 태도는 트라우마 때문이다. 편의점 아르바이트생도 성격이 안 좋다고 하는데 그 친구들도 마음을 다친 경험이 있는 것이다." 백종원 선생님의 말은 정말 공감 가는 말이었다. 소위 말해 진상 손님을 겪고 나면 그날 아르바이트를 하는 시간 내내 기분이 좋지 않았다. 그래서 다른 손님이 왔을 때 나도 모르게 퉁명스러웠다.

그러던 어느 날, 식당을 갔을 때의 일이었다. 친구와 자리에 앉자 아르바이트생이 좌석에 기본 세팅을 해주기 시작했다. '툭툭', '퍽' 아르바이트생이 내려놓는 식기와 물 컵이 식탁과 부딪혀 둔탁한 소리를 냈다. 세팅을 마치고 자리를 떠난 아르바이트생을 보고 친구가 말했다. "뭐야? 식기랑 물 컵 내려놓을 때 왜 저렇게 세게 내리치냐. 어이없네." 친구는 자리를 세팅해주는 아르바이트생의 태도에 기분이 상한 것 같았다. "일하시다가 기분 나쁜 일이 있으셨나 보다."라고 말했지만 나 역시 적잖이 당황스러웠다. 친구는 말했다. "기분이 나쁜 건 나쁜 거고 우리한테 왜 분풀이야." 친구의 말을 듣고 문득 생각이 들었다.

'내가 저분과 다르다고 할 수 있을까? 나 역시 죄 없는 다른 사람에게

내 화를 옮겼었던 것은 아닐까?'

그 사실을 깨달은 순간 부끄러움이 몰려왔다. 그동안 나는 내 감정을 상하게 한 사건과 사람에 대한 분노를 다른 엉뚱한 곳에 풀었던 것이다. 내 감정은 내 선에서 끝내야 하는데 나도 모르게 다른 사람들에게까지 내 감정을 드러냈다. 심지어 좋지 못한 부정적인 감정들을.

무례한 손님으로 기분이 상하는 사건이 있었다면 그건 그 이후에 오는 손님의 잘못이 아니다. 친구와 안 좋은 일이 있었다면 그건 집에 있는 가족들의 잘못이 아니다. 회사에서 자존심 상하는 일이 있었다면 그건 나의 연인의 잘못이 아니다.

그날을 계기로 안 좋은 감정을 남에게 전달하지 않기 위해 부단히 애쓰고 있다. '저 사람이 날 화나게 한 게 아니잖아. 아무한테나 화를 내면 안 되지. 내 감정은 내 거다.'와 같은 말을 무수히 곱씹으며 행동한다. 이런 훈련을 계속해서였을까? 나의 감정을 상하게 한 사건과 사람이 지나가면 금방 부정적인 감정이 사그라들었다. 날 화나게 하거나 자존심이 상하게 하거나 감정을 망친 사건과 사람을 되새김질하면 나만 손해라는 사실을 깨달았다. 내 감정은 내 것이므로 그 누구도 내 감정을 해결해줄 수 없다.

우리는 이러한 말을 자주 듣는다. "자신의 감정을 잘 돌봐주세요.", "감정을 잘 표현하실 줄 알아야 합니다." "자신의 감정을 억누르지 마세요." 그렇다면 도대체 감정이란 무엇일까?

감정은 자극에 대한 몸의 반응이다. 예를 들어 당신이 산에 올라갔다고 가정해보자. 산에서 당신은 한 마리의 큰 뱀을 보게 된다. 우연히 보게 된 뱀에 당신은 깜짝 놀랄 것이다. 놀라움, 공포, 불안감이 느껴지며 당신은 그 자리를 벗어나게 된다. 이 뱀이라는 자극에 대한 반응이 감정이다. 다른 예로 누군가 당신에게 욕설을 한다고 가정해보자. 욕설의 정도 따라서 혐오, 분노, 미움이라는 감정이 솟아나게 된다.

우리는 삶을 살아가면서 외부와 끊임없이 접촉하게 된다. 평생을 다양한 자극에 노출된다는 말이다. 우리는 자극에 대한 반응을 무의식적으로 통제할 수 없다. 그렇기에 감정이 생겨나는 것 자체를 막을 수는 없다. 하지만 이 말을 "통제할 수 없는 거니까", "자연스러운 거니까"와 같은 말로 자신의 감정을 다른 사람들에게 해소하라는 말로 이해해서는 안 된다. 『내 감정을 읽는 시간』의 저자 변지영 작가는 한 인터뷰에서 감정을 다루는 방법에 대해 말한다.

"감정은 매우 상대적인 거고 굉장히 주관적이며 맥락적인 건데 마치 지금 현대 사회는 감정을 신성시한다고 할까요. 절대시하고 감정을 어떻게 해서든 해결해야 한다고 생각을 하는 것 같고 감정 자체가 병이거나 극복해야 하는 것으로 바라보면서 오히려 감정을 부풀리는 경향이 있어요. 내가 과거 경험이 이러하니 어떤 감정에 대해서 민감할 수가 있구나. 어떤 욕구가 좌절됐을 때는 어떤 감정이 두드러질 수 있구나. 그게 관계에 영향을 줄 수가 있구나. 이런 연결고리를 전체를 다 보면서 내가 경험하는 감정이 어떤 맥락 안에서 일어나는 건지 볼 필요가 있어요. 애써서 일부로 극복하려고 하는 것보다는 있는 그대로 받아들이고 나에게 적절한 방식으로 경험하는 것이 가장 효과적이고 적절하지 않나 생각합니다."

하루를 지낼 때 당신은 많은 타인과 무수히 많은 상황을 나누고 그로 인해 감정이 상하는 일이 일어날 수 있다. 당신의 감정을 망친 대상이 분명할 때는 당신의 상한 감정을 그 대상에게 분명하게 말할 권리가 있다. 하지만 그 사건과 사람이 지나가면 그 이후의 감정은 온전히 당신의 책임이다. 당신은 그 누구에게도 당신의 부정적인 감정을 쏟아내서는 안 된다. 다른 사람은 당신의 부정적인 감정을 받아야 할 의무가 없다. 안 좋은 감정은 그 순간 훌훌 털어버려라. 감정이 당신을 망치게 두지 마라.

02

좋은 마음가짐은 체력에서 나온다

"마음을 유쾌하게 만들어주는 것은 부가 아닌, 건강이다."

– 쇼펜하우어

윤태호의 인기 웹툰을 원작으로 한 〈미생〉은 2014년 한국의 가장 대표적인 드라마로 뽑힌다. 〈미생〉은 직장인의 애환과 현대인의 삶을 잘 보여준 작품이라 평가받고 있다. 주인공 장그래는 어려서부터 프로 기사가 되기 위해 바둑에 입문했으나 입단에 실패하고 포기한 뼈 아픈 과거가 있다. 원 인터내셔널이라는 회사에 취직한 그는 회사 생활이 힘들 때 종종 과거 바둑 사범이 자신에게 해주었던 조언을 떠올린다. 그 조언 중 가장 유명한 조언은 체력에 관련된 것이었다.

"네가 이루고 싶은 것이 있거든 체력을 먼저 길러라. 게으름, 나태, 권태, 짜증, 우울, 분노. 모두 체력이 버티지 못해 정신이 몸의 지배를 받아 나타나는 증상이다. 다 체력의 한계 때문이야. 체력이 약하면 빨리 편안함을 찾게 되고 그러면 인내심이 떨어지고 그 피로감을 견디지 못하게 되면 승부 따윈 상관없는 지경에 이르지. 이기고 싶다면, 충분한 고민을 버텨줄 몸을 먼저 만들어! 정신력은 체력의 보호 없이는 구호 밖에 안돼."

드라마 속 대사를 처음 접했을 때 내 나이는 고등학생이었다. 사실 그때는 이 대사가 전혀 와닿지 않았다. 흔히 보는 스포츠 장르의 콘텐츠에 항상 나오는 "이 꽉 물고 정신력으로 버텨. 몸이 힘들어도 정신력으로 버티는 거야!"라는 말이 나에게는 훨씬 익숙해서였다. '정신력과 끈기로 몸을 지배하는 거지. 체력이 어떻게 마음가짐을 다 잡아?'라며 의문을 품었다. 〈미생〉의 대사를 들은 몇 년 후, 일에 치여 잠을 제대로 자지 못한 나를 보며 느꼈다. 피곤에 절어 짜증이 찬 나를 보며 느꼈다. '아, 정신력은 몸 상태를 이길 수 없구나.'라고.

주말 야간 아르바이트를 할 때 이야기이다. 금요일 야간 아르바이트를 하고, 2시간을 쪽잠을 자고 나에게 디자인 외주를 주던 회사 미팅을 갔다. 회사의 미팅이 길어져서 바로 토요일 야간 아르바이트를 갔다. 48시간 동안 잠을 제대로 자지 못한 상태였다. 아르바이트를 하던 도중이나 미팅을 하는 동안은 무리가 없었다. 하지만, 문제는 다른 곳에서 생겨났다.

회사에서 디자인 외주를 받아 일하는 사람은 나를 제외하고 한 명이 더 있었다. 그 한 명은 학교에서 친해진 동생이었다. 회사는 이제 막 마케팅을 시작할 무렵이어서 다양한 콘텐츠를 필요로 했다. 회사 담당자는 동생에게 SNS에 올라올 콘텐츠를 기획할 것을 요구하였고, 나에게는 동생이 기획한 콘텐츠를 제작할 것을 요구했다. 역할이 분담된 것이다.

토요일 야간 아르바이트를 다 마치고 집으로 가는 길 동생에게 전화가 왔다. "언니, 저 자신이 없어요. 제가 잘할 수 있을까요? 제 능력 밖의 일을 받은 것 같아요." 동생은 처음 받아보는 디자인 외주 업무에 자신감이 결여되어 있는 상태였다. "못하면 어떡하죠?"라며 걱정스러운 말투로 나에게 물었다.

나 역시 디자인 외주를 받아본 것은 그때가 처음이었다. 나는 일단 걱정이 가득 찬 동생을 안심시켜줘야 할 것 같았다. "회사 측에서 너한테 준 업무가 네가 할 수 있다고 판단이 되니까 준 걸 거야. 못하면 어떻긴. 그럼 다시 고치면 되지. 할 수 있어." 동생은 그래도 불안함이 가시지 않아 "아. 진짜 어떤 식으로 진행해야 하는지 하나도 모르겠어요."라고 말했다. 처음이니까, 일을 같이 하는 사람이 친한 언니니까, 동생은 충분히 나에게 이러한 고민을 털어놓을 수 있다.

하지만 잠을 자지 못한 피곤함에 서서히 짜증이 나기 시작했다. 최대한 나의 짜증을 숨기며 말했다. "SNS 보면서 참고할 만한 자료부터 찾아봐. 그럼 감이 올 거야."라고. 동생은 나의 말에 "SNS를 아무리 뒤져도 모르겠어요. 언니 같으면 뭐 올릴 것 같아요? 혹시 생각 안 해보셨어요? 어떤 식으로 올릴지?"라고 반문했다. 그 순간 숨기고 있던 짜증이 튀어나왔다.

"아니, 일에 역할 분담을 왜 하지? 일의 효율성을 높이려고 역할 분담을 하는데. 나는 제작을 맡았잖아. 어떤 콘텐츠를 올릴지에 대한 생각은 난 따로 안 했어. 뭘 올릴지에 대한 건 네가 생각해 봐야지."

동생은 나의 대답에 크게 당황한 것 같았다. 동생은 알겠다고 말하며 급하게 전화를 끊었다. 전화를 마친 나는 집에 들어가 잠을 잤다. 잠에서 일어나니 잠에 들기 직전 동생과 한 통화가 떠올랐다. '아, 짜증 낼 일까지는 아니었는데. 피곤해서 괜히 짜증 냈네.' 후회가 밀려왔다. 미안한 감정이 들어 동생에게 전화를 걸어 사과를 했다. 그날 깨달았다. 정신력으로 몸을 지배할 수 없다는 것을. 오히려 몸의 상태가 내 정신을, 내 마음을 지배한다는 것을.

"이것도 못 해? 너는 멘탈이 약하다."
"힘들어도 끝까지 참아! 정신력으로 버티는 거야."
"정신력으로 문제를 해결할 수 있다."

흔히 들어본 이야기이다. 부모님, 학교 선생님 등 우리는 어릴 때부터 가까운 어른들에게 정신력으로 모든 걸 끝까지 해낼 수 있다는 이야기를 듣고 자라왔다. 그들은 끈기, 의지, 정신력을 가지고 무에서 유를 창조한 사람들의 예시를 들려준다. 그들이 예시로 든 굉장한 정신력을 가진 사람들이 시간이 흘러도 회자가 되는 것은 그런 사람이 많지 않기 때문이다. 대개는 내 몸의 상태, 건강, 컨디션들이 내 정신 상태를 좌지우지한다. 몸이 아픈 사람이 예민한 이유가 바로 이러한 이유 때문이다.

예를 들어 여러 명이 등산을 한다고 가정해보자. 분명히 당신은 살면서 한 번쯤은 산을 올라가본 경험이 있을 것이다. 그때를 상상해보자. 산을 오르면 오를수록 도중에 쉬었다고 가자고 하는 사람, 힘들다고 칭얼대는 사람들이 있다. 그들이 정신력이 나약한 사람들이라고 보여지는가? 그들 역시 정상을 찍어보고 싶다는 정신력은 똑같다. 단지 정상을 갈 체력이 없을 뿐이다.

버텨줄 체력이 없으면 정신은 신체에 지배당한다. 정신과 마음을 가다
듬는 데 전제조건은 다름 아닌 체력이다. 몸이 받쳐주지 않으면 아무것
도 되지 않는다. 의지와 끈기가 없어서가 아니다. 정신력이 나약해서도
아니다. 몸이 내가 원하는 대로 따라주지 않는 것은 정신력의 차이보다
는 체력의 차이이다.

당신은 당신의 몸을 잘 챙길 필요성이 있다. 많은 사람들이 신체 외적
인 것을 얻기 위해 자신의 몸을 혹사시킨다. 특히 이러한 경향은 젊을수
록 돈이 없을수록 강화된다. 부의 가치를 부정하는 것은 아니다. 하지만
건강을 잃으면 모든 것을 잃는다. 건강은 기타 외적인 것들의 장점을 모
두 압도해버릴 만큼 중요하다. 『마녀체력』의 저자 이영미 작가는 말한
다.

"몸이 바뀌며 행동이 달리지고, 달라진 행동이 생각에 영향을 끼친다.
그래서 인생의 나침반까지 돌려놓고 만다."

좋은 마음가짐은 체력에서 나온다. 의지, 끈기, 정신력은 당신의 몸의
상태에 의해 결정된다. 체력이 부족하면 정신도 마음도 지치게 되어 있

다. 인간의 신체와 정신은 서로 긴밀하게 연결되어 있어 몸 컨디션이 감정에 지대한 영향을 끼친다는 사실을 기억하라.

만약 당신이 체력이 약하다면 가벼운 운동으로 시작해서 당신의 체력을 키워나가라. 하루에 10분, 20분이라도 밖에 나가서 걸어라. 기분을 환기시켜주며 무언가를 시작할 수 있는 힘도 길러줄 것이다.

03

불평하는 순간순간을 알아차려라

"생각이 얼마나 강력한지 깨닫는다면 결코 다시는 부정적인 생각을 갖지 않을 것이다."

– 피스 필그림

당신은 말의 힘을 아는가? 어니스트 헤밍웨이는 말한다. "말은 현실을 만들어낸다."라고. 실제로 그러하다. 말이 갖는 위력은 생각보다 훨씬 더 어마어마하다. 대뇌 학자들의 연구에 따르면 말은 뇌세포의 약 98퍼센트에 영향을 끼친다고 한다. 이 연구는 당신이 아무렇지도 않게 내뱉은 말이 당신의 현실이 될 가능성이 높다는 것을 과학적으로 말해준다. 당신은 평소 어떠한 언어 습관을 가지고 있는가?

"너무 힘들어. 피곤해."

"정말 짜증 나 죽겠어."

"왜 이렇게 안 풀리지? 망했어."

당신은 자주 이러한 말을 내뱉지 않는가? 당신이 이러한 불평을 늘어놓는 사람이라면 당신은 말의 중요성을 깨달을 필요가 있다. 당신이 불평불만을 터트림으로 당신의 상황을 당신이 뱉은 말처럼 불만족스럽게 만든 것을 알아차릴 필요가 있다. 사람들은 상황 그 자체보다 상황에 대한 믿음과 태도 때문에 하루의 기분을 망치는 경우가 많다.

예를 들어 '머피의 법칙'이 그렇다. 사람들은 일이 잘 풀리지 않고 오히려 꼬이기만 할 때 머피의 법칙이란 말을 쓰곤 한다. 하지만 일이 잘 풀리지 않는다는 것은 당신의 생각일 뿐이지 실제가 아니다.

그런 날이 있다. 당신이 여행을 가기로 한 날 하늘에서 비가 내린다. 집 밖을 나와 한참을 걸으니 지갑을 두고 왔다는 사실을 깨닫는다. 그때 당신은 "아, 오늘 시작부터 꼬이네."와 같은 말을 할 수 있다. 하지만 1년에 비는 수차례 내리며, 당신이 지갑을 잊어버리고 안 가지고 나온 것이 당신의 하루가 꼬인다는 증거가 될 수는 없다. 당신이 내뱉은 "오늘 하루는 시작부터 꼬이네."라는 말로 당신이 그날을 재수 없는 날로 만들어버린 것이다.

당신이 좋지 못하다고 생각한 일들은 당신의 의견과는 상관없이 흘러간다. 당신의 상황에 대한 좋고 싫음의 가치 판단은 단순히 당신이 부여한 생각에 지나지 않는다.

레몬 심리의 『기분이 태도가 되지 않게』에서 저자는 말한다.

"사사건건 불평을 한다고 해서 자신에게 이득이 될 일은 전혀 없다. 자신이 지금 얼마만큼 불만족스러운지를 밖으로 표현해봐야 상황은 전혀 나아지지 않는다."

근래 국가공인자격증 시험을 보러 제주도를 다녀왔다. 디자인 자격증 실기 장소가 많지 않아 밀리고 밀리다 보니 제주도까지 가게 되었다. 그당시의 나는 시험을 보기 전까지 시험공부를 하기 위해 노트북을 가져갔다. 시험을 끝내고 집으로 돌아와 노트북을 켜보았을 때 내 노트북의 액정이 깨져 있었다. 높은 확률로 비행기 짐칸에서 다른 분의 캐리어에 부딪힌 것 같다. 처음에는 깜빡이는 노트북 액정을 보니 망연자실했다. "아니, 이게 무슨 일이야!"라고. 하지만 곧이어 이미 벌어진 일이고, 내 노트북이 깨진 정확한 원인을 찾을 수 없다는 것을 깨달았다. 화를 내봐야 내기분만 안 좋아진다는 것을 알게 되었다. 다음번에는 조심하자라는 다짐을 하며 상황을 넘겼다.

당신은 나처럼 어느 날 갑자기 예상치 못한 상황을 맞닥뜨릴 수 있다. 당신의 하루가 당신의 삶이 당신의 기대와 다르게 흘러갈 수 있다. 그런 상황에서 불평불만만 한다면 당신의 기분만 안 좋아질 뿐이다. 당신은 당신이 마주한 상황을 그냥 상황 그 자체만으로 받아들여야 한다. 상황을 '별로다.', '싫다.'와 같은 부정적인 가치 판단을 하고 받아들인다면 그 상황은 당신의 생각과 말처럼 다가올 뿐이다. 미국 사상가 겸 시인인 랠프 에머슨은 이러한 말을 하였다.

"불평이란 아무리 고상한 내용이라도 어떠한 이유가 있어도 전혀 쓸모 없다."

그렇다면 짜증을 내고 불만을 토하는 버릇을 어떻게 하면 잠재울 수 있을까? 먼저, 불평불만이 현실을 더 악화시키고 마음을 더 심란하게 한다는 것을 깨달아야 한다. 당신이 부정적이게 뱉은 말이 스스로를 안 좋은 방향으로 이끌어가고 있다는 것을 알게 되면 당신은 그렇게 살지 않기 위해 스스로의 사고와 신념을 바꾸어나갈 것이다.

① 언어 습관을 바꿔라
당신은 "최악이네.", "날씨가 왜 이래.", "내가 해봤자지. 난 안돼."와 같은 말을 무의식적으로 사용하고 있지는 않은가? 자기 자신과 사물, 주변 환경을 말할 때 부정적인 언어를 사용하고 있다면 당신은 당신의 언어 습관을 교정할 필요가 있다. 당신 스스로나 당신이 처한 상황을 안 좋은 시선으로 바라보고 있을 확률이 높다. 의도적으로 바라보는 관점을 바꿔라. 있는 그대로를 바라봐라. 당신의 불필요한 가치 판단을 섞지 마라. 그렇다면 당신의 무의식적으로 나오는 부정적인 말들이 많이 줄어들 것이다.

② 타인에게 기대하지 말아라

많은 사람들이 자신과 관계가 친밀한 상대방일수록 큰 기대감을 가진다. 하지만 그 상대방은 당신에게 빚을 지고 있지 않다. 당신의 기대를 충족시켜줘야 할 의무가 없다는 말이다. 관계에 있어서 높은 기대감을 경계해라. 당신의 기대를 충족시키지 못해 뒤따라오는 서운함, 실망을 감당할 자신이 없다면 누군가에게 섣불리 기대하지 마라.

③ 다름을 인정하라

타인과 이야기를 나누다 보면 상대방이 당신의 이야기에 동의하지 않을 때가 있다. 당신과 생각이 다르다고 감정이 상하거나 상대방의 생각에 의문을 품을 이유는 없다. 무수히 많은 사람들의 얼굴과 목소리가 다르듯 성격과 생각도 다르다. 당신과 생각이 같지 않다고 하여 이해가 안 된다는 반응을 보이며 불쾌해하지 말아라.

④ 평정심을 유지하라

평정심이란 감정의 기복이 없이 평안하고 고요한 마음을 말한다. 감정 기복이 크지 않으면 주변 사람뿐만 아니라 자기 자신이 제일 평온하다. 명상이나 심호흡을 통해 조용한 마음 상태를 유지할 수 있도록 훈련하라.

불평불만은 당신의 어떠한 상황도 해결해주지 않는다. 당신의 인생에 전혀 도움이 되지 않는다. 자수성가의 아이콘, 여러 사업가들의 멘토 게리 베이너척은 말한다.

"세상 그 누구도 당신의 불평과 징징대는 것에 관심이 없습니다. 아! 아니군요. 당신의 불평불만을 신경 써주는 사람이 있어요. 누가 신경 쓰는지 알려드리겠습니다. 당신처럼 불평불만만 하는 패배자들입니다."

불평할수록 뇌는 더 부정적으로 생각한다고 한다. 그러한 상태에 뇌가 적응하면 약간의 부정적인 사고만으로도 순식간에 뇌가 부정적인 생각으로 가득 차 수시로 불만을 토해낸다. 또한 부정적인 생각을 자주 하는 사람들이 보통 사람에 비해 스트레스 호르몬인 코르티솔이 2배 더 높다고 한다. 당신에게 이렇게 안 좋은 영향만을 주는 불평불만을 멈춰라. 당신이 불평하는 순간순간을 알아차려라. 확실하게 말해줄 수 있는 한 가지가 있다. 불평은 당신의 삶에 백해무익하다.

04

남의 감정을 내가 감당해야 할 의무는 없다

고등학교 친구 중에 공부를 잘하는 친구 H가 있었다. 친구 H는 공부에 대한 욕심이 많았다. 친구의 어머니는 친구가 성적을 잘 받을 수 있도록 열심히 뒷바라지를 했다. 우리 학년은 15학번의 대학생이 되기 위한 2015학년 대학수학능력시험을 치렀다. 이때 수능은 난이도 조절 실패로 악명이 높았던 시험으로 소문이 나 있다. 지나치게 어렵게 출제한 국어 B형은 많은 수험생들에게 혼란을 주었다. 이러한 난이도로 내 친구 H는 낮은 국어 점수를 받았고 재수를 선택하게 되었다. 친구 H는 12월부터 재수를 본격적으로 준비하였고 1년간 연락이 끊겼었다.

1년 후, 친구 H에게 연락이 왔다. 대학교에 붙었다고. 고등학교 친구들과 함께 만나 놀자고. 친구 H와의 만남에서 대학교 합격을 위해 얼마나 많은 노력을 하였는지 듣게 되었다. 졸음이 올 때는 허벅지를 샤프심으로 찔러가며 공부를 했다는 이야기를 듣고 기겁을 했었다. 매일 해가 뜨기 전 새벽에 나가 자정쯤 집에 돌아왔다는 이야기는 박수를 쳐주고 싶었다. 이런 이야기를 들을 때까지만 해도 친구 H가 좋았다. 친구 H가 멋있고 대단하다는 생각뿐이었다. 나는 이때 친구 H의 노력을 듣고 열심히 준비해 들어간 대학인 만큼 기대감이 매우 크다는 것을 알아차렸어야 했다.

21살 때 나는 아버지가 돌아가시고 아르바이트를 14시간씩 할 때였다. 아버지는 잦은 가슴 통증이 있었음에도 병원비 걱정으로 병원에 가지 않았다는 사실을 알게 되었다. 그 당시의 나는 돈을 모으고 싶어서 내가 깨어 있는 시간 동안 아르바이트만 하고 있었다. 어느 날 그 친구에게 연락이 왔다. 그 친구는 나에게 자신의 생각과 다른 대학 생활에 대한 불만을 털어놓았다. 1인 매장에서 아르바이트를 하던 나는 연락 답장 속도가 굉장히 빨랐다. 바로바로 연락이 되는 나는 어느 순간부터 친구 H의 해우소가 되어 있었다.

"좋아하는 사람 생겼는데. 그분도 나와 같은 마음인 줄 알았는데 아니었나 봐. 속상하다."

"나는 대학교 오면 애들끼리 막 다 같이 모여서 술 먹으면서 게임도 하고 재미있게 놀 줄 알았는데. 너무 실망스럽다."

"이럴 줄 알았으면 그렇게 열심히 하지 말 걸. 대학 생활을 기대한 내가 바보 같네."

친구에게 여러 통의 카톡이 와 있었다. 나는 "아직 입학한 지 얼마 안 돼서 그런 거 아닐까? 어느 정도 시간이 지나면 괜찮아질 거야."라는 답장을 보냈다.

"아니야. 고등학교 친구들이랑 다르게 보이지 않는 벽이 있는 것 같아. 친해지기도 어렵고. 겉돌고 있는 것 같달까?"

친구에게 다시 카톡이 와 있었다. "이제 막 알게 된 사이인데 고등학교 때 친구들 같을 수는 없지. 너는 고등학교 친구랑 대학교 친구들이랑 놀게 되면 누구랑 놀 건데? 고등학교 친구들 아니야?"라는 질문을 하였다. 친구는 "당연히 고등학교 친구랑 놀지."라는 답장이 돌아왔다. "대학교 친구들도 같은 마음인 거지. 지금 당장은 어색해도 시간 지나면 괜찮아질 거야."라고 친구에게 말해주었다. "그래도….'라고 친구는 말끝을 흐렸다. 이러한 대화 내용이 반년간 지속되었다. 힘든 일이 있거나 속상한 일이 있을 때마다 친구는 나에게 카톡을 하며 넋두리를 하였다. 친구는 자신이 얼마나 힘들고 속상한지 나에게 인정받고 싶어하는 것 같았다. 그렇게 나는 친구의 감정 쓰레기통이 되어 있었다. 시간이 지날수록 친구에게 카톡이 와 있는 것이 무서워졌다. 또 오늘은 어떤 일로 얼마나 불만을 토해낼까? 기가 빨리는 느낌을 받았다. 나는 친구의 연락에 답장을 갈수록 늦게 했다. 그러면서 서서히 연락을 피하기 시작했다.

코로나가 본격적으로 기승을 부리기 시작한 2020년. 사회적 거리 두기 정책에 따라 사람들의 칩거 생활이 시작되었다. 많은 사람들이 외부에서 활동을 하지 못하자 집에서 핸드폰으로 많은 시간을 보냈다. 이러한 상황에 힘입어 MBTI 테스트가 트위터, 인스타그램 등 SNS에서 폭발적인 인기를 끌었다.

MBTI 테스트는 마이어스와 브릭스가 정신분석학자인 카를 융의 심리 유형론을 근거로 개발한 성격 유형 검사 도구이다. MBTI는 개인마다 태도와 인식, 판단 기능에서 각자 선호하는 방식의 차이를 네 가지 선호 지표로 나타낸다.

이 네 가지 지표에서 많은 사람들이 판단 기능을 나타내는 사고–감정(T–F)에 많은 흥미를 보였다. 사고–감정(T–F)에 따른 반응 차이로 다양한 밈이 만들어졌다. 나는 그 밈들 중에 '슬픔을 나누면?'이라는 질문에 주목해보고 싶다.

감정 F의 사람들은 '슬픔을 나누면?'이라는 질문에 슬픔이 반이 된다고 대답하였다. 그들은 슬픔을 공유하여야 한다고 주장하였다. 사고 T의 사람들은 슬픈 이야기를 서로 주고받으면 슬픔이 두 배가 된다고 대답하였다. 재미로 보는 밈이지만 어떠한 대답이 맞는 대답일까?

우리는 삶을 살아가며 누군가에게 자신의 이야기를 털어놓는다. 그 이야기가 행복한 이야기라면 함께 기쁨을 나눈다. 슬픈 이야기라면 다른 사람의 위로로 힘을 얻기도 한다. 하지만 안타깝게도 슬픔은 나누면 반이 되지 않는다. 슬픔뿐만 아니라 모든 감정들은 나누면 전염되어 커진다. 이것을 '감정 전염'이라고 한다.

감정 전염이란 다른 사람의 얼굴 표정, 말투, 목소리, 자세 등을 무의식적으로 모방하고 자신과 일치시키면서 감정적으로 동화되는 것을 의미한다. 아주 짧은 순간에도 한 사람의 감정이 다른 사람에게 쉽게 전염된다. 내가 나의 감정을 누군가에게 전염시킬 수도 있으며, 다른 누군가가 나에게 감정을 전염시킬 수도 있다.

친구가 나에게 한 넋두리 역시 부정적인 감정을 전염시키는 행위이다.

또한 이런 상황을 한 번씩 겪어본 적이 있을 것이다. 친구들과 다 함께 모여 놀 때가 있다. 그 모임 사이에 화가 나 있는 친구가 있거나 슬픔에 잠긴 친구가 있다. 그렇다면 다들 그 친구의 눈치를 본다. 그 모임의 분위기는 놀기 위한 화기애애한 분위기와는 거리가 멀다. 먹구름이 드리운 것처럼 어두워진 분위기이다.

감정이 안 좋은 친구의 에너지는 생각보다 강력하다. 한 사람이 모임 전체 분위기를 좌지우지한다. 한 사람의 부정적인 에너지는 함께 있는 사람 모두의 기분을 가라앉힌다. 이 상황에서는 그 친구의 기분이 좋아지지 않는다면 그날 모임은 즐거움보다는 불편하다는 느낌으로 끝이 난다.

특히 공감 능력이 뛰어나거나 사람이나 자신의 중심이 단단하게 서 있지 않는 사람이라면 타인의 감정에 더 쉽게 전염되어버린다. 이러한 사람들은 종종 다른 누군가에게 감정이 전염 되었음에도 불구하고 내 감정이 왜 안 좋은지 눈치채지 못한다. 타인의 감정을 짊어지고 쉽게 지쳐버린다. 심지어 자신이 감정 기복이 심한 사람이라고 오해하기도 한다.

당신은 감정을 전염시키는 사람인가? 전염 당하는 사람인가? 만약 당신이 부정적인 감정을 전염시키는 사람이라면 당신의 행동은 당신에게 아무런 이득도 주지 못한다. 당신이 지금 얼마만큼 힘든지, 불만스러운지, 괴로운지를 밖으로 표현해도 상황은 전혀 달라지지 않는다. 그러한 말을 처음 꺼내기 시작했을 때는 당신의 가까운 사람들이 당신의 이야기를 들어주고 공감하며 같이 화내 줄 수도 있다. 하지만 습관적으로 부정적인 감정을 토해내고 있다면 당신의 그러한 말버릇은 서서히 당신의 관계를 망쳐갈 것이다.

반대로 감정을 전염 당하는 사람이라면 남의 감정을 당신이 감당해야 할 의무는 없다. 누군가의 감정 쓰레기통이 되지 마라. 부정적인 감정은 당신에게 좋지 못한 감정을 주는 그 사람 본인이 해결해야 할 문제이다. 누군가의 부정적인 에너지가 당신의 하루 기분마저 망친다면 서서히 거리를 두고 멀어져라. 모든 감정은 아주 짧은 시간에 한 사람에게서 다른 사람에게 전염된다. 당신의 안 좋은 기분이 다른 누군가에 의해 생겨난 것으로 판단된다면 과감하게 흘려보내라. 타인의 감정을 책임지지 않을 때 우리는 우리의 삶은 보다 더 평온하고 즐길 수 있다.

나와 맞지 않는 사람과는 거리를 둬라

"행복의 90%는 인간관계에 달려 있다."

— 키르케고르

다른 사람의 고민을 들으면 대개 누군가와의 갈등에서 비롯된 스트레스를 이야기한다. 약속을 지키지 않는 남자친구에게 실망한 이야기, 감정을 그대로 표출하는 친구에게 당황한 이야기, 무례한 직장 상사 이야기, 의견이 맞지 않는 부모님과의 갈등 등등.

당신의 인간관계는 어떠한가? 당신 또한 주변 사람과의 관계에서 큰 스트레스를 받고 있는가? 나는 단순히 당신에게 스트레스를 주는 사람과 관계를 멀리하라는 말을 하려는 것은 아니다. 흔히 듣는 당신의 기분을 지속적으로 망치는 사람과 관계 정리를 하라는 말을 하려는 것이 아니다. 나는 당신이 당신의 삶을 주체적으로 살아가려 할 때 당신의 생각과 행동을 통제하려는 사람과 거리를 두라는 말을 하고자 한다.

사람은 자기의 삶의 주도권을 자신이 가지고 있지 못할 때 불행함과 무력함을 느낀다. 당신에게도 당신 삶의 주도권을 빼앗으려고 하는 사람이 있을 수 있다. 어쩌면 당신은 불행하게도 벌써 다른 누군가에게 당신의 삶에 대한 통제권을 넘겨주었을 수도 있다. 타인의 지시에 무조건적으로 따르고 있지 않은가? 다른 사람의 기대를 맞추기 위해 당신을 희생하고 있지는 않은가? 주변을 돌아보기를 바란다. 대부분이 가장 가까운 사람에 의해 이러한 일이 일어난다.

① 가족
당신은 연고주의를 들어본 적이 있는가? 대개 사회생활을 하다 보면 학연, 지연, 혈연이 중요하다는 말을 종종 듣고는 한다. 살았던 지역이 같고, 출신 학교가 같고, 가족이 엮여 있으면 일면식이 없던 관계라도 금세 친해진 기분을 들게 한다. 공통점이 생긴 사람들은 뭉쳐 서로를 돕고 편의를 봐준다. 그중에서도 특히 혈연은 가족 구성원끼리 언제 어디서나 서로를 지지하고 응원하는 관계라고 생각한다. 하지만 과연 그러할까?

유명한 심리학자 웨인 다이어는 강연에 나갈 때마다 청중에게 과거에 자신이 희생양이 되었던 상황을 적어내도록 한 적이 있다. 그에게 수천 개의 사례가 수집되었는데 그중 83퍼센트가 가족과 관련이 있었다. 안 좋은 기억의 83퍼센트가 가족 간에 발생하였다. 우리는 이 수치를 통해서 한 가지 사실을 알 수 있다. 많은 사람들이 가족에게 응원과 지지를 받기보다는 압박과 스트레스를 더 많이 받는다는 사실 말이다.

가족이 가족에게 행하는 압박의 방법은 무수히 많다. 언니니까 너보다 나이가 어린 동생을 챙겨야 한다. 어른이 하는 말씀이니 참고 들어야 한다. 자식이니까 무조건적으로 일손을 도와야 한다 등등 일반적으로 이러한 일들은 가족 간에 당위적이거나, 도의적으로 마땅히 지켜야 할 예절로 여겨진다. 하지만 이러한 일을 한다고 해서 가족에게 고맙다는 인사를 듣는가? 부모님에게 칭찬을 듣는가? 대부분은 아닐 것이다. 그들은 '가족이니까' 당연한 일을 한 것이라고 말하며 당신의 시간, 노동, 감정의 소모를 아무렇지 않게 여긴다.

명절 스트레스라는 말이 생길 정도로 특히 명절에는 가족이라는 명목하에 존중 없는 말들을 쏟아낸다. 명절에는 당신은 당신의 소중한 시간을 들여 가족을 만난다. 고향에 내려가거나 자주 보지 않던 가족들을 보게 된다. 오랜만에 만난 즐거움은 뒤로한 채 그들은 당신에게 말한다.

"어서 결혼해야지. 출산은 언제 하려고. 아기는 될수록 빨리빨리 낳아 야지. 노산은 위험해."

"취업은 언제쯤 할 거니? 걔는 어디 대기업 들어갔다더라. 너는 도대체 언제 직장 잡을래!"

"시험은 잘 봤니? 그래, 어디 대학교 들어갈 수 있니?"

위의 질문들은 다른 사람들에게는 쉽사리 묻지 못할 질문들이다. 하지 만 가족 간에는 민감할 수 있다는 개념 따위는 없다.

그들은 "다 너 잘되라고 하는 말이야.", "나 때는 말이다."를 초문으로 듣는 상대방의 감정과 상황을 고려하지 않고 자신이 하고 싶은 말을 쏟 아낸다. 혈연관계라는 이유로 당신의 삶에 대해 끊임없이 감 놔라 배 놔 라하며 개입하려고 한다. 달라진 시대의 새로운 생존 비법을 주제로 한 강연에서 작가 조승연은 이러한 말을 한다.

"나라가 너무 빨리 성장하면서 배운 사람이 모자랐어요. 과거에는 공 부만 열심히 하면 딱 공부가 끝나는 순간 기업이, 국가가 내 일자리를 찾 아주던 시대였어요. 그것이 우리 부모님이, 저 같은 사람들이 경험한 대 한민국이에요. 그래서 제가 항상 여러분에게 강의할 때 하는 말이 있어 요. 어른의 말은 반만 들으세요."

가족이 소중하다는 것을 부정하려는 것은 아니다. 가족은 우리 삶에 커다란 보상이며 원동력일 수 있다. 하지만 칼의 양면성처럼 가족의 존재가 재앙이 되기도 한다. 상황을 가정해보자. 당신이 당신의 가족 앞에서 앞으로의 꿈이나 포부에 대해 이야기한다고 생각해보자. 당신의 가족은 어떠한 반응을 보이는가?

"야, 네가 그걸 무슨 수로 해내냐?"
"아직 어려서 세상 물정을 뭘 모르네. 허황된 소리를 하고 있어."

이러한 부정적인 반응을 보이는 가족이라면 자신이 경험하지 못한 부분에 대해서는 허황된, 말도 안 된다는 표현을 하는 가족이라면 당신은 가족일지라도 어느 정도 거리를 유지할 필요가 있다. 거리를 두지 않고 계속 가족에게 끌려니는 순간 당신의 삶은 당신이 원하지 않는 방향으로 흘러가게 된다. 당신의 생각과 행동에 지지와 응원을 보내는 가족이 아닌 압박과 개입을 하는 가족이 있다면 당신은 스스로를 가족에게서 지켜내야 한다. 그들의 입맛대로 움직임 당하지 마라. 당신의 삶의 통제권을 넘겨주지 마라.

② 친구
우리는 학창 시절 매일 등교를 하였고 그렇게 매일을 함께하던 친구들

이 있었다. 하지만 고등학교를 졸업하고 대학생이 되고 직장인이 되면서 매일을 함께하던 친구들을 쉽게 만나볼 수가 없어졌다. 함께하지 못한 시간만큼 서로 다른 경험이 쌓이고 가치관과 생각에서 큰 차이를 보인다.

혹시 이러한 느낌을 받아본 적이 있지 않은가? 오랜만에 친구를 만났을 때 '어? 얘한테 이런 면이 있네?'라는 생각을 한 번쯤은 해본 적이 있을 것이다. 그때 당신이 느낀 친구의 어떠한 면모가 상식적으로 이해가 전혀 되지 않고, 눈살이 찌푸려지게 된다면 당신은 어릴 때 친했던 친구였을지라도 어느 정도 거리를 둘 필요가 있다.

당신은 살면서 '유유상종', '끼리끼리'라는 말을 많이 들어 보았을 것이다. 내가 어린 시절 이러한 말들은 하나의 고사성어에 지나지 않았다. 금전적으로 비슷하지 않아도, 성향이 달라도, 배움의 정도가 차이 나도 같이 잘 어울려 놀 수 있다고 생각했었다. 하지만 사회생활을 할수록 사람은 자신과 비슷한 관심사와 공통점이 있는 사람에 끌린다는 사실을 깨닫게 되었다.

예를 들어보자. A는 유흥을 좋아하고 게임을 좋아한다. 사람과 어울려 노는 것을 즐긴다. B는 책을 좋아하고 자기계발을 즐기며 집에 있기를 좋아하는 사람이다. 그 둘은 어울려 놀기 힘들다. A와 B의 대화 주제가 겹치지 않기 때문이다. 그 둘이 만날 때 A가 대화를 시작한다고 생각해보자. "B야, 이번에 나온 게임 알아? 근처에 새로 생긴 술집 안주가 진짜 맛있는데 가봤어?" B는 높은 확률로 새로 나온 게임도, 술집 안주의 맛도 모를 것이다. 그렇다면 B가 대화를 시작한다고 생각해보자. "A야, 내가 근래 책을 읽었는데 내용이 너무 인상 깊더라고. 너도 한번 읽어볼래?" 이 말에 A가 웃으며 좋다고 말해도 실제로 책을 받으면 반도 읽지 않고 B에게 돌려줄 가능성이 크다.

우리는 바쁜 시간을 내서 친구를 만난다. 하지만 만난 친구와 대화 주제가 전혀 맞지 않다면 얼굴은 웃을지언정 실제로는 재미없고 무의미한 시간을 보내게 된다. 그러다 보니 시간이 지날수록 자신과 비슷비슷한 사람만이 주변에 남게 된다. 김태광의 『독설』에서 저자는 말한다. "나는 내 주변 5명의 평균이다." 오래된 친구일지라도 당신과 맞지 않는다고 판단이 된다면 당신은 그들과 함께 시간을 보낼 필요가 없다. 누군가에게 당신이 당신의 친구에게 본 단점을 가진 사람으로 보이고 싶지 않다면 그 관계를 멀리할 필요가 있다.

가족으로 인해 언짢은 기분을 안고 살아가고 있다면, 나와 맞지 않는 친구와의 관계에 계속 의문이 든다면 당신은 그러한 사람과 어느 정도 거리를 둘 필요가 있다. 거리를 두라는 것이 그들과의 관계를 단절하고 외톨이가 되라는 것이 아니다. 당신이 스트레스 받지 않을 정도로만 함께하라는 것이다. 당신의 삶이 누군가에 의해 고통받고 있다면 그러한 사람과 멀리함으로 당신의 고통을 줄일 수 있기를 바란다.

06

자존감과 자존심은 다르다

"가난한 집에 태어날 때 특히 난처한 것은 자존심 강하게 태어나는 일
이다."

– 보브나르그

커뮤니티에서 한 글을 읽었다. 사연자는 자기 자신을 외모, 업무 등 모
든 면에서 괜찮은 사람으로 바라보고 있다고 밝혔다. 그래서 자신을 대
하는 상대방들의 태도가 가볍게 느껴질 때 불쾌한 감정이 든다고 말했
다. 자존감을 고의로 낮춰야 하는지 고민을 털어놓았다.

위의 고민 글은 자존감과 자존심의 의미를 잘 구분하지 못한 사례이

다. 사연자가 상대방의 태도에 불쾌한 감정을 느끼는 것은 높은 자존감 때문이 아니라 센 자존심 때문이다. 자존감과 자존심. 이제는 미디어에서 흔히 다루는 주제이다. 당신은 자존감과 자존심의 명확한 차이를 아는가? 많은 사람들이 글자가 비슷하다 보니 자존감과 자존심을 혼용해서 사용하는 경우가 많다.

'자존'은 '자신의 품위를 스스로 지킴'이라는 사전적 의미를 가진다. '감' 과 '심' 한 글자 차이로 이 둘의 의미는 크게 달라진다. 자존감과 자존심의 의미 차이는 '누가 주체'가 되는가이다. 자존감의 주체는 나 자신이다. 다시 말해 내가 스스로 생각하는 나를 의미한다. 반면 자존심은 타인이 주체가 된다. 자존심은 타인에게 존중받고자 하는 마음으로 누군가가 나를 존중함으로 채워질 수 있다. 자존심은 반드시 타인이 있어야만 표출되는 마음인 것이다. 그렇다면 자존감이 높은 상태는 어떠한 상태인 것일까? 타인이 나에 대해서 뭐라고 평가를 하건 더 나아가 비하를 하건 욕을 하건 감정적으로 흔들리지 않을 수 있는 것이 바로 자존감이 높은 상태이다. 누군가의 평가에 감정적으로 동요가 일어나는 사람은 자존심이 센 것이지 자존감이 높은 상태가 아니다.

5년 전, 스트레스를 받을 때마다 음식을 먹는 버릇이 있었다. 그때는 편의점 오전 아르바이트를 하고 있을 때였다. 가족과의 관계에서 온 스트레스, 내 삶의 방향성에 대한 스트레스, 아르바이트를 하면서 진상 손님들에게 겪는 스트레스 등 모든 스트레스를 음식으로 풀어나갔다. 하루 아르바이트 시간이 7시간이었는데 과장하지 않고 2시간 시급을 편의점에서 군것질을 구매하는 데 사용하였다. 편의점에서 나오는 폐기 역시 내가 다 먹어 치워버렸다. 알바하는 곳 근처에 뷔페가 있었는데 그 뷔페도 수시로 들락날락하였다.

어마무시하게 먹자 살이 기하급수적으로 찌기 시작했다. 나 스스로 살이 쪘다는 상태를 자각하였을 때는 이미 내 체중은 60킬로그램을 훌쩍 넘었을 때였다. 이중 턱이 생기고 떡대가 생기고 배가 심하게 나오니 자존감이 떨어졌다. 음식을 조절하지 못하는 내가 한심했으며 체중이 많이 나가는 내가 너무 미워 보였다. 어김없이 알바를 하는 날이었다. 점장님이 날 보시고 살짝 눈살을 찌푸리며 이야기했다.

"너는 나이가 몇 살인데 이렇게 배가 나왔어? 어후 먹는 것 좀 봐라. 너 계속 이런 식으로 먹으면 나중에 결혼해서 애 배잖아? 남편한테 사랑 못 받고 산다."

지금 이러한 소리를 듣게 된다면 '사람이 이렇게 무례할 수 있구나. 대박이다.'라고 상대방의 태도에 초점을 맞출 것이다. 하지만 그 당시의 나는 상대방의 태도가 아닌 말에 초점이 맞춰졌다. '내가 얼마나 뚱뚱해 보이면 저런 소리까지 들을까.'라고 생각하며 점장님이 아닌 나에게 화가 났다. 나 스스로를 자책했으며 의기소침한 모습을 숨길 수가 없었다.

한번은 또 이러한 경험도 있다. 아르바이트를 함께 하던 친구들과 술자리를 가지게 되었다. 외모에 대한 이야기가 나왔다. 한 동생이 나에게 말했다. "누나 정도면 꽤 괜찮게 생긴 편이지. 근데. 웃을 때 얼굴이 너무 크지." 이 말을 지금 들었더라면 "원래 모든 사람이 웃을 때면 얼굴이 조금씩 커지는 법이지."라고 웃으며 대답할 것이다. 하지만 그 당시의 나는 그 동생의 말을 들은 이후 일주일간 물 이외 아무런 음식을 먹지 않았다. '내가 뚱뚱해서 그런 소리까지 듣는구나.'라고 자기 비하를 하며 나를 책망하기 바빴다.

자존감이 낮다면 과거의 나처럼 타인의 시선이나 평가에 민감한 반응을 보인다. 내가 스스로 나를 인정하지 않으니 다른 사람들 말에 휘둘리기 쉽다. 또한, 자존감은 낮고 자존심만 센 경우 과시욕과 허풍이 생겨나기도 한다. '소통'과 '목소리'로 여러 곳에서 강연을 하고 있는 스타 강사 김창옥은 한 강연에서 이러한 말을 한다.

"인간은 자아존중감이 낮으면 자기를 보호하려고 자존심에 방패가 생

겁니다. 우리를 뭔가 보여줄게 필요하거든요."

〈직업의 모든 것〉이라는 유튜브 채널이 있다. 우리나라의 다양한 직업인을 소개하는 인터뷰 채널로 '제갈건'이라는 인물을 인터뷰한 적이 있다. 제갈건은 과거 2000년대 초반 서대문구에서 주먹으로 유명한 소위말하는 일진이었다고 한다. 현재는 과거의 자신의 잘못을 뉘우치고 사회복지사로 다른 사람들을 도우며 살고 있다. 그는 인터뷰에서 학창 시절에 온몸에 문신을 한 이야기를 털어놓는다.

"제가 만약에 자존감이 높은 사람이었다면 그때 아무리 친구가 저를데리고 가서 문신을 하자고 해도 끝끝내 거절하고 안 했어도 됐어요. 근데 생각을 해보니까 문신이란 게 대다수가 세 보이려고 하는 거잖아요. 보통의 그런 문신자들 경우에는 자존감은 낮은데 자존심은 높은 경우가많더라고요. 낮은 자존감과 높은 자존심의 간극이 클수록 문신이 더 광범위하고 더 위압적이고 더 크기가 크고 이런 경향성을 보이더라고요. 저 역시 그랬고요."

우리는 그 누구도 알맹이 없는 빈 껍데기 같은 삶을 살아가고 싶지 않다. 하지만 알맹이의 근원인 자존감이 낮으면 자격지심이 생긴다. 나아가 열등감, 자기비하, 과시욕 같은 좋지 못한 마음들이 나를 에둘러 싼다. 그렇다면 어떻게 해야 스스로를 사랑할 수 있을까? 어떻게 해야 자존감을 높일 수 있을까?

과거의 나는 자존감이 낮으니 하루에도 수십 번씩 내가 얼마나 보잘것 없는 사람인지 스스로에게 인증해 보이려고 부단히 애를 쓰고는 했다. 누군가가 나를 칭찬하면 부정하기 바빴고, 누군가가 나를 좋아하면 의심하기 바빴다. 그때의 나는 누군가에게 그럴듯해 보여야지만 자존감이 높을 수 있고, 학벌이 높거나, 커리어가 좋고 무언가를 성공한 사람만이 자기 확신을 가질 수 있는 것이라고 믿었었다.

자존감, 스스로 품위를 지키고 자기를 존중하는 마음.
자기 확신, 스스로를 굳게 믿음 또는 그런 마음.

우연히 자존감과 자기 확신의 정확한 뜻을 알게 된 날, '스스로'라는 단어에서 눈을 뗄 수 없었다. 그때 생각이 들었다. '아, 내가 날 존중하지 못하고 날 믿지 못하면 누가 날 존중하고 믿어줄까? 내가 날 존중하지 못하면 그 누구의 존중도 받지 못하겠구나.'라고.

자존감은 누가 대신 만들어줄 수 없다. 누군가 대신 당신의 자존감을 만들어줄 수 있다고 생각한다면 반대로 누군가 당신의 자존감을 부술 수도 있다는 이야기이다. 흔히 연인과의 관계에서 자존감을 채우는 관계가 이러하다. 이러한 관계로 채운 자존감은 일시적인 허상일 뿐 자신의 자존감이 정말 올라가는 것이 아니다. 진정한 자존감이란 내가 스스로 만들어가는 것이다. 또한, 괜한 자존심은 때때로 화를 부를 수도 있다. 나는 당신이 타인의 존중을 갈구하는 자존심 센 사람이 아닌 스스로를 사랑하는 자존감이 높은 사람이 되기를 바란다.

07

세상은 당신을 구원해주지 않는다

"인생이 견딜 수 없게 되었을 때 우리는 상황이 변화할 것을 기대한다.
그러나 가장 효과적인 변화, 즉 자기 자신의 태도를 바꿔야 한다는 점엔
거의 생각이 미치지 못한다. 그러한 결심을 하기는 어렵다."

— 비트겐슈타인

당신도 당신에게 좋지 않은 일이 벌어졌을 때 이러한 말을 하는가?

"나한테 왜 이런 일이 일어나는 거지? 왜 하필 나한테?"

많은 사람들은 자신이 원치 않는 일을 경험하면 이러한 말을 한다. 이

말을 하는 사람들은 자신이 겪고 있는 상황에 끊임없이 화를 낸다. 현실이 자신의 기대와 다르다고 불평불만 한다. 심지어 『해와 달이 된 오누이』 책의 동아줄처럼 자신의 현실을 구해줄 귀인이 나타나기를 기다린다. 당신 역시 당신의 현실에 화를 내기 바쁘다면 귀인이 나타나 당신의 현실을 끝내주길 바란다면 당장 생각을 바꿔라. 당신이 해야 할 일은 당신의 안 좋은 상황에서 벗어날 방법을 찾는 것뿐이다.

4년 전, tvN의 〈현장토크쇼 택시(이하 택시)〉 프로그램에 배우 윤여정이 나왔다. 현재, 윤여정은 〈미나리〉라는 영화로 한국 배우 최초로 제93회 아카데미 시상식에 여우조연상을 수상한 배우다. 그녀는 75세의 나이로 충무로 역사를 새로 써 내려가는 중이다. 하지만 탄탄대로를 걷고 있는 그녀에게도 안 좋은 시기가 있었다.

윤여정은 27살 때 조영남과 결혼을 하였다. 그 당시 윤여정은 신문에서 천재 여배우로 대서특필이 나올 정도로 잘나가는 배우였다. 촉망받는 배우였지만 한 인터뷰에 따르면 윤여정은 20대 시절을 보낼 때만 해도 연기 생활에 큰 애착이 없었다고 한다. 그녀는 결혼 후 미국 유학길에 오른 조영남을 따라 함께 미국행 비행기를 탄다. 그렇게 그녀는 배우 생활에 마침표를 찍는 것 같았다. 하지만 행복할 것이라고 예상했던 결혼 생활은 그녀의 인생에 큰 고난이 되었다. 조영남은 결혼 생활 동안 바람기가 다분했고, 돈을 한 푼도 안 벌었으며, 결국에는 윤여정이 모아둔 돈을 모조리 다 탕진하였다. 본인의 표현에 의하면 "쌀독에 쌀이 있던 때보다 떨어졌던 때가 더 많았다."라고 한다. 그녀는 결국 결혼 생활 13년 끝에 이혼을 하게 된다. 윤여정은 이혼 후 두 아들을 키우기 위해 일이 필요했다. 그렇게 그녀는 두 아들과 자신을 지키기 위해 자신에게 들어온 모든 작품을 출연한다.

〈택시〉의 진행자 이영자는 윤여정에게 묻는다. "선생님, 인생에서 돈이 가장 절실했을 때는 언제였어요?" 윤여정은 대답했다. "이혼하고. 내가 가장이 되었으니까. 그때가 제일 절실했어. 돈 때문에 물불 안 가리고 닥치는 대로 다 했어. 누구의 친구 역이나 단역 같은 거 다 했어. 근데 그런 시간들이 없었다면 지금의 윤여정도 없을 거야." 이영자는 "주변에서 선배나 후배들이 대하는 태도로 서러움 같은 건 없으셨어요?"라고 다른 질문도 물어보았다. 이 질문에 답한 윤여정의 말이 참 인상 깊다.

"서러움 너무 많았지. 세상은 서러움 그 자체고, 인생은 불공정, 불공평이야. 근데 그 어딜 가나 있는 서러움은 내가 극복해야 할 문제인 것 같아. 난 내가 극복했어."

윤여정의 말처럼 내 인생의 서러움은 내가 극복해야 할 문제이다. 내가 겪고 있는 상황을 바꿀 수 있는 건 나 자신뿐이다. 그 누구도 당신의 문제를 해결해줄 수 없다. 누군가가 당시의 심정을 헤아려주고 위로해줄 수는 있다. 하지만 그 이야기를 들어주는 순간일 뿐이다. 당신의 문제를 들어주는 사람에게도 그만의 문제가 있다. 개리 비숍의 『시작의 기술』에서 저자는 말한다.

"당신이 직면했던 모든 문제를 결국에는 극복했다는 사실을 기억하라. 이 사람을 절대 잊지 못할 거라고, 더 좋은 직장은 다시 못 찾을 거라고, 이렇게 창피한 일은 견디지 못할 거라고. 하지만 당신은 잊었고, 찾아냈고, 견뎠다. 당신은 성장했고, 다시 시작했다."

내가 스무 살 때 아버지가 돌아가셨다. 등산을 가셨다가 어느 날 갑자기. 아버지가 돌아가셨을 때 나에게는 남자친구가 있었다. 하루아침에 사라진 아버지의 부재에 그 당시 내 정서는 좋지 않았다. 아버지의 빈자리는 언제든지 내 소중한 사람이 내 곁을 떠나갈 수 있다는 불안감이 되어 돌아왔다. 나는 이러한 불안한 마음을 남자친구에게 의지하며 해결하고 싶어 했던 것 같다. 하지만 아버지가 돌아가시고 난 이후 금방 헤어졌다.

6년 전, 헤어진 결정적인 사건에 대해 기억은 없다. 다른 연인이 싸우는 것처럼 어떤 사건으로 싸웠다. 나도 그 친구도 자존심이 너무 세서 아무도 사과를 하지 않았다. 그렇게 그대로 이별했다. '아차! 이건 아니구나.'라는 마음이 든 순간에는 이미 관계를 돌이킬 수 없을 때였다.

헤어지고 난 이후에 많은 생각이 들었다. 내 머릿속을 가득 채운 생각은 크게 두 가지였다. 언제든지 내가 소중하다고 생각하는 사람이 내 곁을 떠나갈 수 있다는 확신과 아버지의 부재로 인한 나의 정서적 불안함을 남자친구에게 의지하려 했다는 죄책감이었다. 연인이든 가족이든 친구든 나와 굉장히 친밀하고 가까운 사이일지라도 그들이 나의 문제를 함께 감당해야 할 의무는 없다.

이러한 사건으로 큰 깨달음을 얻었다. 내 삶의 중심은 나고 내 문제는 내가 해결해야 한다는 것이었다. 나 스스로 내 인생의 굳건한 기둥이 되어 그 누군가가 나를 떠나든, 나를 흔들어놓든 다시는 흔들리지 않겠다고 다짐했다.

당신은 지금 어떠한 상황에 놓여 있는가? 코로나로 인해 경제적으로 고통받고 있는가? 직장 생활로 인해 스트레스를 받고 있는가? 인간관계로 골머리를 썩고 있는가? 당신이 어떠한 상황에 놓여 있든 당신의 상황은 당신이 헤쳐나가야 한다. 당신의 상황은 당신만이 헤쳐나갈 수 있다.

누군가가 당신을 구원해줘야 할 의무는 없다.

남들의 상황에 비해 비참한 당신의 상황에 화가 난다면 세상에 대한 태도를 바꾸기를 바란다. 세상에는 당신의 마음에 들지 않는 많은 것들이 있다는 것을 인정하라. 그것들이 당신을 위해 달라질 것이라고 기대하지 말아라. 그런 기대는 언제나 당신을 분노하게 할 것이다. 당신이 해야 할 일은 당신이 경험한 안 좋은 일과 상황에서 배워야 할 점을 찾는 것뿐이다.

배우 오정세는 KBS2의 〈동백꽃 필 무렵〉드라마로 56회 백상예술대상 남자조연상을 수상한다. 수상 당시 오정세의 소감문이다.

"세상에는 참 열심히 사는 보통 사람들이 많은 것 같습니다. 꿋꿋이 열심히 자기 일을 하는 많은 사람들이 똑같은 결과가 주어지는 것은 아니라는 생각이 들어서 좀 불공평하다는 생각이 듭니다. 그럼에도 불구하고 실망하거나 지치지 마시고 포기하지 마시고 여러분들이 무엇을 하든 간에 그 일을 계속하셨으면 좋겠습니다."

오정세의 소감문처럼 세상은 불공평하다. 많은 사람들이 불공평하다고 느끼면서 살아가고 있다. 그것을 인지하고 빠르게 인정하자. 세상의 불공평함에 대해 불평불만만 갖고 자신의 그런 상황을 타개해보려는 어떠한 노력도 안 하는 사람이 있다. 반면에 불공평함을 인지하고 빠르게 인정하고 이겨내고 살아가는 사람들도 있다. 당신이 부족한 능력을 지녔고 주변 환경이 그렇게 느낄 수밖에 없도록 돌아간다고 생각한다면 지금 있는 곳에서 아무것도 바꿀 수 없다. 주어진 현실을 저주하지 말라. 어떻게 살지는 당신의 선택에 달려 있다.

세상은 당신을 구원해주지 않는다. 명심하라. 당신의 삶을 구원해줄 사람은 오직 당신뿐이다. 당신은 아무것도 하지 않는데 상황이 바뀌는 일 따위는 일어나지 않는다. 또한 누군가가 마법처럼 나타나 당신을 도와주는 일 따위도 일어나지 않는다. 불공정, 불공평이 만연한 세상에 당신이 할 수 있는 일을 해라. 당신의 일은 당신이 풀어나가야 할 숙제이다.

당신은 당신의 모든 숙제를 풀어낼 수 있는 사람이다.

08

모두에게 괜찮은 사람일 필요는 없다

"불필요한 관계를 정리하고 소중한 사람에 집중하라."

— 가오위안

2년 전, tvN의 예능 프로그램 중 〈일로 만난 사이〉라는 프로그램이 있었다. 유재석을 중심으로 매회 다른 게스트들이 나왔다. 한 회에서 게스트로 장성규가 나왔는데 그 당시 장성규는 아나운서 프리랜서 선언을 하고 한창 큰 인기를 누리고 있었다. 장성규는 대중의 큰 사랑에 감사함과 불안함을 느끼는 것 같았다. 그는 유재석에게 고민을 털어놨다.

"제가 원래도 생각이 많고 고민이 많아요. 프리 선언을 한 지 얼마 안

돼서 더 그런 것 같아요. 사실 저는 정말 겁이 많은 쫄보거든요. 형님, 누가 저를 욕하면 그게 너무 무서워요."

장성규의 말을 들은 유재석은 담담하게 대답했다. "근데 그걸 이겨내야 돼." 장성규는 덧붙여 물었다. "그럼 형님께서도 이런 부분에 대해서 답을 못 찾고, 힘들어하실 때가 있으셨어요?" 유재석은 장성규의 말에 공감하며 말했다. "있지. 당연히. 누구나 겪는 자연스러운 과정이야."

유재석의 말처럼 많은 사람들이 타인에게 욕과 비난을 듣는 것을 두려워한다. 내가 한 행동과 말로 누군가에게 비호감이 되지 않을까 불안감을 느낀다. 그래서 우리는 다른 사람들에게 되도록 잘 보이기 위해 노력한다. 또한 사람은 내가 아닌 다른 사람에게 사랑과 관심을 받고 싶어 하는 욕구가 있다. 이 욕구를 채우기 위해 자신이 맺은 관계에 열과 성을 쏟는다. 이렇게 주변 관계에 일일이 다 신경을 쓰고 모두에게 잘하면 그들에게 사랑과 관심을 받을 수 있을까? 단도직입적으로 이야기하면 그 누구도 모두에게 사랑받을 수는 없다. 만인의 사랑을 받을 수는 있어도 그 많은 사람들이 전부 나를 좋아하는 일 따위는 일어나지 않는다.

사람마다 얼굴이 다르듯 성격, 성향, 가치관 또한 다르다. 예를 들어 친구와 TV를 본다고 가정해보자. 서로 같은 장면을 봐도 그 장면을 통해 느끼는 점이 다르다. 다시 친구끼리 같은 책을 읽는다고 가정해보자. 서로 책에 대해 쓴 감상평이 다르다. 책에서 받는 인상이 다르다. 〈검색어를 입력하세요 WWW(이하 검블유)〉라는 드라마에서 나온 대사가 있다.

"옳은 건 뭐고 틀린 건 뭘까. 나한테 옳다고 저 사람한테도 옳을까. 나한테 틀리다고 저 사람한테도 틀릴까. 한 가지는 기억하자. 나도 누군가에겐 개새끼일 수 있다."

〈검블유〉에서 나온 대사처럼 내가 옳다고 생각한 행동이 남을 위한다고 행한 모습들이 누군가는 거북하게 느껴질 수 있다. 나의 말과 행동이 모든 사람을 만족시킨다는 것은 현실적으로 불가능하다.

'그럼 내가 어떡해야 나를 싫어하는 사람들이 나를 좋아하게 만들 수 있을까?', '어떻게 행동해야 모든 사람을 만족시키는 행동을 할 수 있을까?' 혹시 이러한 생각을 하고 있는가? 이런 쓰잘데기 없는 생각을 하고 있다면 당장 집어치워라. 생각을 멈춰라.

사람이 사람을 싫어하는 데에는 꼭 거창한 이유가 있는 것은 아니다. 당신도 이러한 경험을 한 적이 있을 것이다. 처음 만난 사람의 인상, 소위 말해 첫인상이 별로여서 친해지고 싶지 않은 경험, 나와 다르게 행동을 하는 사람을 보며 "쟤는 진짜 왜 저래?"와 같은 말을 내뱉어낸 적이 있을 것이다.

인상이 호감형이 아닌 것이, 나와 다른 행동을 하는 것이 누군가를 싫어하는 합리적인 이유가 된다고 생각하는가? 전혀 그렇지 않다. 하지만 이런 사소한 이유로 사람은 사람을 싫어한다. 심지어 느낌이 별로라고 다른 사람을 배척하는 경우도 적지 않다. 사람이 사람을 싫어하는 이유는 사건과 명확한 이유보다는 '그냥'이 대부분이다. 이래서 모든 사람과 잘 지낸다는 것은 불가능하다는 것이다.

당신은 당신이 만나는 모든 사람에게 잘해줄 필요가 없다. 당신에게 좋은 사람에게만 좋은 사람이 되면 된다. 나는 당신이 당신을 존중하지 않고 무례한 사람에게 당신의 정성을 쏟지 않기를 바란다. 그렇다면 어떤 유형의 사람들을 멀리하는 게 좋을까?

자신의 성과가 아닌 지인의 업적을 자랑하는 사람, 남을 괴롭히는 사람, 내 자존감을 깎아 먹는 사람, 거짓말을 자주 하는 사람, 화를 많이 내는 사람 등 예시와 같은 유형의 사람들에게 굳이 괜찮은 사람이 되려고 노력할 필요는 없다. 특히 나는 이런 많은 유형 중에서도 이중 잣대를 가진 사람에게 당신의 시간을 쏟지 않기를 바란다.

우리는 자신에게는 관대하고, 타인에게는 엄격한 사람을 흔하게 볼 수 있다. 오죽하면 이와 관련된 신조어들도 다양하게 생겨났다. '내로남불', '아시타비'라는 말을 들어본 적이 있을 것이다. 내로남불은 '내가 하면 로맨스, 남이 하면 불륜'의 줄임말이다. 남은 비난하지만 자신에게는 너그러운 사람을 일컫는 말이다. 아시타비는 '나는 맞고 타인은 틀렸다.'라는 의미를 가진다. 많은 사람들이 자신을 판단할 때와 남을 판단할 때, 완전히 다른 이중 잣대를 적용한다.

회사를 다닐 때의 일이다. 처음 근무를 시작한 날, 나를 담당하는 직장사수가 나에게 물었다. "상세페이지 만들어본 적 있어요?"라고. 나는 상세페이지를 제작한 경험이 있었다. 사수에게 상세페이지를 만들 수 있다고 대답하였더니 자신이 이전에 만들었던 템플릿 파일을 보내주었다. "파일 하나 보냈어요. 파일 참고해서 상세페이지 만들어주세요."라는 말과 함께 상품을 하나 쥐어주었다.

이 일은 출근하고 불과 5분 만의 일이었다. '어? 아무런 설명도 없이 그냥 만들라고? 원래 일을 이렇게 배우나?' 당황스러웠지만 사수의 말대로 상세페이지를 만들기 시작했다. 사수가 만들어놓은 상세페이지는 오타의 향연이었다. 예를 들어 '만들어졌어요.'와 같은 말이 '미ㄴ 들어졌어요.'로 적혀 있었다. 요즘 소비자의 특성상 상세페이지의 글을 잘 안 읽는다고 해도 오타가 난무하는 상세페이지를 이해할 수 없었다. 나는 오타를 내지 않기 위해 상품 설명글을 맞춤법 검사기로 확인하며 상세페이지를 제작하였다. 다 완성하고 사수에게 검토를 부탁했다. 사수는 나의 상세페이지를 보며 말했다.

"상품 설명이 좀 이상한 거 같은데요?"

내가 만든 상세페이지는 오타는 없었지만, 조사를 잘못 써서 문장이 조금 이상한 부분이 있었다. 수정을 요청받을 때 상사는 덧붙여 말하였다. "그런 디테일 잘 확인해주셔야 돼요."라고. 내가 틀린 부분이 있으니 사수의 조언은 맞는 말이다. 하지만 내심 반발심이 들었다. '본인 작업물은? 자기 자신한테는 관대하네.'라는 마음이 들었다.

이중 잣대로 사람과 사물을 판단하는 사람은 많다. 사실 이중 잣대는 사회 전반적으로 뿌리내리고 있다. 예를 들어 진영 논리, 국수주의, 사대주의, 선민사상, 성차별 등 다방면에서 찾아볼 수 있다. 사람은 본래 비이성적이며 비합리적인 존재이므로 자신이 처한 상황을 자의적으로나 자신에게 유리한 쪽으로 판단하게 된다. 어쩌면 이중 잣대는 인간의 본성일 수 있다. 하지만 그렇다고 해서 이것을 반드시 이해해줘야 할 의무는 없다. 이중 잣대를 당연시하는 사람은 어떤 주장에서도 논리적 일관성이 결여되어 있으며 말에 모순이 많다.

　우리는 살면서 모든 사람과 잘 지낼 수 없으며, 사랑받을 수 없다. 나는 당신이 모든 사람에게 괜찮은 사람이 되려 애쓰고 노력하지 않기를 바란다. 세상에 좋은 사람이 많듯 나쁜 사람도 무수히 많다. 당신에게 좋은 사람에게만 당신은 최선을 다하면 된다.

세상은 당신을 구원해주지 않는다 당신을 구할 수 있는 건 당신 자신뿐이다

행복한 어른이 되는
자존감 수업

3장

완
벽
하
지 않
아
도 괜찮아

01

그 누구의 삶도 완벽하지 않다

"모든 인간은 완벽하게 불완전하다."

– 정혜신(정신과 전문의)

당신은 어떤 삶에 부러움을 느끼는가? 어떤 삶이 완벽하다고 느껴지는가? 이전에 내가 생각하던 완벽한 삶은 부유한 삶이었다. 많은 돈이 있다면 삶에 아쉬움을 전혀 느끼지 않겠다고 생각했다. 인생에서 돈은 큰 비중을 차지한다. 돈이 많으면 사고 싶은 걸 살 수 있고, 하고 싶은 걸 자유롭게 할 수 있다. 많은 돈은 삶을 윤택하게 만든다.

나의 부모님은 자주 싸우지는 않았지만, 싸울 때는 항상 돈이 얽혀 있었다. 가난한 집안 형편이 집에 불화를 만드는 것 같았다. "돈이 많다고 행복한 건 아니지만, 돈이 없으면 100퍼센트 불행하다."라는 말이 있다. 나는 그 말이 반은 이해가 되고, 반은 이해가 가지 않았다. 나는 '돈이 많지만 안 행복할 수 있다? 무슨 소리야 돈이 많으면 무조건 행복하지. 아쉬운 게 없는 완벽한 삶이잖아!'라는 생각이 들었다. 그래서 나는 항상 돈이 많은 사람들이 부러웠다. 특히 성공한 20대 연예인을 볼 때면 "젊고 능력 있고 아름답고 저런 완벽한 삶을 살면 얼마나 재미있을까? 좋겠다!"라는 말을 하곤 했다.

세계 최대 규모의 비디오 플랫폼 유튜브의 발전으로 우리는 이제 언제 어디서나 유명한 가수의 라이브 영상을 볼 수 있게 되었다. 나는 한창 아리아나 그란데의 노래를 즐겨 들었다. 내가 팝 가수 아리아나 그란데를 처음 알게 된 건 다이어트를 할 때다. 그때 나는 다이어트 자극 사진으로 감량을 많이 한 연예인 사진을 찾았다. 그러다 우연히 아리아나 그란데 사진을 발견했다. 그녀의 외모는 아름다웠다. 그뿐만 아니라 그녀는 뛰어난 가창력으로 노래를 잘했다. 당신은 그녀의 곡 7rings를 아는가?

I see it, I like it, I want it, I got it.
내가 보고 좋고 원하면 그것을 사.
Bought matching diamonds for six of my bitches.

절친한 친구 6명과 맞출 다이아몬드 반지를 샀어.

Whoever said money can't solve your problems.

돈이 네 문제를 해결해주지 않는다고 누가 말했든 간에

Must not have had enough money to solve'em

그 사람이 문제를 해결할 만큼의 돈이 없었던 거야.

나는 진정한 플렉스가 무엇인지 아리아나의 노래를 통해 처음으로 알게 되었다. 내가 생각하던 완벽한 삶은 바로 아리아나 그란데와 같은 삶이었다. 아리아나 그란데는 자신이 좋아하는 일로 많은 돈을 벌며 심지어 나이까지 젊다. 더불어 많은 이들의 사랑을 받는다. 그래서 나는 아리아나 그란데는 삶에 대한 문제가 없을 것이라고 생각했다.

내가 부유한 삶이라고 완벽한 삶인 건 아니구나. 그 누구라도 스스로의 삶에 아쉬움과 상처가 있다는 것을 깨달은 날이 있다. 그날도 어김없이 유튜브로 아리아나 그란데의 라이브 영상을 볼 때였다. 그날 영상은 내가 기존에 보던 화려하고 자신감 넘쳐 보이는 영상과는 달랐다. 감정에 차올라 울먹거리는 노래 영상이었다. 노래 제목부터 'needy'였다. needy는 자신감이 없는, 애정에 굶주림의 뜻을 가지고 있다.

And I can be needy

난 사랑이 필요해

Way too danm needy

애정에 너무 굶주렸어

I know it feels so good to be needed

사랑받는 기분은 정말 좋겠지

Sorry if I'm up and down a lot

감정 기복이 많이 심해서 미안해

Sorry that I think I'm not enough

자존감도 낮아서 미안해

And sorry if I say sorry way too much

미안하다는 말을 너무 많이 해서 미안해

노래를 들으며 아리아나 그란데처럼 돈 많고 예쁘고 인기 많은 사람도 삶의 문제로 아픔을 겪는다는 것을 알게 되었다. 내가 바라보던 그녀의 삶은 그녀의 삶의 일부분이었다. 많은 돈으로 원하는 것을 다 가지며 남부러울 것 없는 인생을 산다고 생각했던 아리아나 그란데 역시 자존감으로 연인과의 문제로 심란하고 괴로움을 느끼는 사람이었다.

"사람 사는 건 다 똑같다."라는 말이 우스갯소리는 아니라는 것을 느꼈다. 누구나 자신의 삶의 문제를 안고 살아간다. 그 누구의 삶도 완벽할 수 없다. 김수현의 『나는 나로 살기로 했다』에서 저자는 이러한 말을 한다.

"타인의 눈에 비친 우리의 모습이 전부가 아니듯, 우리의 눈에 비친 타인의 모습도 전부가 아니다. 우리는 각기 다른 상처와 결핍을 가졌으며, 손상되지 않은 삶은 없다."

3년 전 복싱을 배울 때의 일이다. 복싱을 가르쳐주시던 코치님이 나의 잘 웃고 활발한 성격을 보며 말했다. "루미 씨는 부모님한테 많이 사랑받고 자란 것 같아요~ 부모님 두 분 엄청 친하시죠? 가족도 정말 화목하고."라고. 코치님의 칭찬은 날 당황스럽게 만들었다. 우리 집이 불화가 넘치는 집안은 아니다. 하지만 화목과도 거리가 멀다. 서로의 일에 관심 없고 연락도 없다. 부모님의 친하냐는 물음에는 부모님이 돈 문제로 싸우던 모습이 떠올랐다. 나의 모습이 가족이 화목하고 부모님의 많은 사랑을 받고 자란 사람으로 보인다는 것은 기분 좋았지만 실상은 그게 아니어서 무언가 씁쓸했다. 그래서 코치님의 칭찬에 대답 없이 그냥 입가에 미소만 떠었다.

영국의 영화배우이자 영화 제작자로 유명한 찰리 채플린은 이러한 말을 했다.

"삶은 가까이서 보면 비극이지만, 멀리서 보면 희극이다."

　많은 사람들은 자신의 삶에 결핍된 부분을 가진 누군가를 보면 부러움을 느낀다. 하지만 내가 부러움을 느끼는 그 누군가의 삶도 가까이 들여다보면 아픔이 있다. 나는 살면서 나에게 없는 부분을 가진 친구들에게 많은 부러움을 느꼈었다.

　친구 중에 가정적인 부모님을 둔 친구가 있었다. 내가 볼 때는 친구의 집안이 화목해 보였다. 하지만 술을 먹은 날 친구는 자신의 아픔을 털어놓았다. 부모님이 바람을 피우신다고. 나에게는 돈이 많아 보이는 친구도 있다. 그 친구 역시 부러웠다. 하지만 그 친구는 말했다. 집에 빚이 많다고.

　프레드릭 배크만의 『불안한 사람들』에 인상 깊은 구절이 있다. "모든 것은 상대적이고 행복은 기대치에 따라 결정되며 현재 우리에게는 인터넷이 있다는 것이다." 많은 사람들이 타인의 삶의 일부와 자신의 삶을 비교한다. 인터넷의 발달은 나와 다른 사람의 비교를 더 쉽게 더 직관적으로 할 수 있게 만들었다. 많은 사람들은 내 삶에 없는 부분을 가진 다른 사람의 삶에 완벽한 삶이자 부러운 삶이라는 낙인을 찍는다. 반면에 자신의 삶은 완벽과는 거리가 먼 결점투성이라고 생각하며 실망한다.

하지만 그 누구의 삶도 완벽하지 않다. 당신은 누군가의 삶을 바라보며 자신과 달리 돈이 많고, 인간관계가 넓고, 예쁘다고 부러움을 느끼고 있는가? 부러움을 느끼지 않아도 된다. 세상 사람 모두 각기 다른 상처와 아쉬움을 가진 채 삶을 살아간다. 당신은 당신에게 없는 그 일부분만을 찾아내서 그 사람의 삶에 '완벽'이라는 왕관을 씌웠을 가능성이 높다. 어쩌면 다른 누군가는 당신의 삶을 완벽하다고 느끼고 있을 것이다. 기억하라. 모든 사람의 삶은 늘 불완벽하다.

02

무엇이라도 '시도하는' 사람이 되어라

"시작을 위한 준비만 하고 있을 수는 없다. 저질러야 한다."

– 레이 브래드베리

나는 교양 프로그램 〈세상을 바꾸는 시간, 15분 (이하 세바시)〉로 여가 시간을 보내고는 한다. 이 프로그램에는 교수, 의사, CEO 등 각계각층의 다양한 사람들이 초청되어 온다. 그들은 15분간 자신의 경험에서 나온 생각과 아이디어를 공유한다. 그중 내가 가장 인상 깊게 본 편은 타일러의 강연이었다.

타일러는 미국 출신의 방송인으로 JTBC 〈비정상회담〉에 출연해 이름을 알렸다. 내가 본 타일러의 강연은 '꿈'에 관한 내용이었다. 타일러는 자신의 과거 강연에서 질의응답 시간에 청중과 나누었던 이야기를 사례로 들었다.

그때 한 고등학생의 질문을 받았다고 한다. "나중에 유명한 소설 작가가 되고 싶어요. 그런 작가가 되기 위해서 뭘 해야 될까요? 제가 어떻게 하면 돼요?"라는 물음이었다. 타일러는 "그러면은 작가가 되기 위해서 뭘 하고 계시나요?"라고 학생에게 반문했다. "명작을 읽고 있어요. 아직은 글은 쓰고 있지 않아요."라고 학생은 대답했다. 타일러는 "왜요?"라고 다시 물어보았다.

"아직 준비가 안 됐거든요."

타일러에게 대답한 학생의 말에 내 가슴 한구석이 찔려왔다. 학생의 대답에서 내 모습이 겹쳐 보였다. 나는 어릴 때부터 만화를 좋아했다. 자연스레 만화가의 꿈을 가졌다. 내가 만화를 보면서 재미와 교훈을 느끼는 것처럼 나도 누군가에게 재미와 교훈을 주는 사람이 되고 싶었다. 나는 〈지브리〉의 미야자키 하야오 같은 거장이 되고 싶었다. 나는 미술 학원을 다니고 과외도 다니며 그림을 배워나갔다. 그렇게 매일 그림을 그렸지만 나는 만화를 그리지는 않았다. 그런 나에게 친구들과 지인들은 말했다. "왜 만화 안 그려? 빨리 그려봐."라고. 나는 그들의 물음에 항상 같은 대답을 했다.

"아직 준비가 덜 돼서 나중에."

시작하기 앞서 먼저 준비를 해야 한다. 아주 좋은 말이다. 하지만 나도 타일러에게 질문을 한 학생도 준비'만' 하는 사람이 되어버렸다. 그렇게 반년이 지나고 1년이 지나도 나는 준비의 늪에 빠져 행동하지 못하였다. 시간이 지나도 나는 항상 제자리걸음이었다.

당신도 나와 같은 경험이 있지 않은가? 준비라는 명목하에 나중에 한다고 말만 하고 있지는 않은가? 마음먹은 일을 행동하지 못하고 머뭇거리는 상황에 있지는 않은가? 계획만 세우고 시작은 못 하고 있지 않은가?

상황을 들어보자. 근 5년 사이 집값이 수 억이 올랐다. 인건비 또한 매년 올랐지만 인건비 상승은 기하급수적으로 오르는 집값을 따라가지 못했다. 근로 소득만으로는 내 집 마련은 상상하기 어려운 시대가 온 것이다. 그래서 요즘은 직장인들은 월급 외에 또 다른 파이프라인을 찾아 헤맨다. 주식, 비트코인, 부동산 투자 등. 그때 많은 사람들의 입방아에 오르는 것은 유튜브이다. 그들은 말한다. "나도 유튜브 해보려고." 그들의 이야기를 들은 사람은 "진짜 언제?"라고 반응한다. 그들의 대답은 대게 이런 식이다.

"지금 다니는 회사 퇴사하고 좀 나중에."
"살 좀 빼고 나중에."

그들은 지금 당장 시작하기에는 제대로 준비를 하지 못하였다고 말한다. 그리고 자신이 원하는 준비 상태를 만들기 위해 기약 없는 데드라인을 만든다.

그렇다면 그들 중 몇 명이나 실행으로 옮길까? 아마 10명 중 한 명? 아니 100명 중의 한 명 정도만 자신이 뱉은 말을 지키고 나머지는 전부 시도도 하지 않는다. 어떻게 아느냐고? 그들이 시작의 조건으로 내건 제대로 준비된 상황은 영영 오지 않기 때문이다.

당신도 준비만 하는 사람인가? 계획만 세우는 사람인가? 행동하지 않는 사람들의 심리는 무엇일까? 단순히 아쉬움 없이 더 잘하고자 하는 욕심으로 행동하지 못하는 것일까? 후회 없이 최선을 다하고 싶다는 마음 때문에 행동하지 못하는 것일까? 행동하지 않는 사람들도 행동의 중요성을 잘 안다. 그렇다면 사람들은 행동해야 한다는 것을 알면서도 왜 실제로 행동하지 못하는 것일까?

그 이유는 두려움 때문이다!

행동으로 옮기지 못하는 사람들은 '제대로 된 준비', '철저한 준비', '더 잘하고 싶어서'라는 말로 완벽주의를 표방한다. 하지만 본질은 두려움이다. 그들이 끝없는 준비에 빠져 있는 이유는 두려움, 의심, 걱정, 불안, 불편과 같은 감정에 의해서다.

내가 만화를 그리지 않은 이유 역시 지레 겁을 먹었기 때문이었다. 나는 그 당시 내가 꿈을 키우게 된 프로 만화가의 그림과 내가 그린 그림을 수시로 비교했다. 그러고는 생각했다.

'아. 이 정도는 돼야 만화가가 될 수 있는 건가? 난 한참 모자란데?'
'내 시간과 노력을 부었는데 모두 헛수고로 돌아가면 어떡하지?'

다시 말하지만 나는 그림만 그렸지 만화는 그리지 않았다. 만화는 실제로 그려보지도 않고 실제로 다른 사람의 평가를 들어보지도 않고 나는 내 멋대로 두려움을 키워나갔다. 그렇게 불안과 걱정으로 스스로에게 장애물을 세우며 말했다. "좀 더 잘 그리면 그때 만화를 그리자."라고. 하브

에커의 『백만장자 시크릿』에서 저자는 말한다.

"진정한 전사라면 두려움이라는 코브라를 길들여야 한다. 코브라를 죽이라고 말하지 않는다. 물론 코브라를 피해 도망치라는 것도 아니다. 코브라를 '길들여라'."

당신이 과거의 나처럼 두려움에 의해 행동을 못 하고 있다면 어떻게 해야 할까? 먼저 성공하고 잘난 사람들도 두려움을 느낀다는 사실을 깨달아라. 두려움을 없애려 하지 마라. 어차피 그럴 수도 없다. 당신만 느끼는 감정이 아니라는 사실을 알면 이전보다는 위안을 얻을 수 있다. 그러면 이제 행동을 반복하여 습관화하라. 이게 무슨 말인지 잘 와닿지 않는가? 그럼 다시 말해주겠다. "할 건 해야지."라는 다짐을 새기고 두려워도 행동하고, 걱정돼도 행동하고, 힘들어도 행동하고, 피곤해도 행동하라는 말이다. 당신의 감정 상태가 어떻든 행동하라는 것이다.

다음으로 당신이 행동하고 싶은 일의 '데드라인'을 정하라. 이전에 당신의 말버릇을 떠올려봐라. "준비되면 언젠가, 나중에"와 같은 말을 입에 달고 살았을 것이다. '언젠가', '나중에'와 같은 기약 없는 애매한 말은 집어치워라. 구체적인 마감일을 정하라. 그 날짜가 다가오면 당신이 얼마나 준비를 하였든 못 하였든 상관하지 말고 행동하라. 타일러는 〈세바시〉 강연에서 말한다.

"준비를 하지 말고 실험을 하세요. 내 목표에 다가갈 수 있는 소소하고 작은 실험을 습관화하세요."

준비하지 말고 실험하며 계속 무엇이라도 시도하는 사람이 되어라. 데일 카네기는 "아무것도 하지 않으면 의심과 공포가 생긴다. 행동하면 자신감과 용기가 생긴다. 두려움을 정복하고 싶다면 집에 앉아서 생각만 하지 말고, 나가서 바쁘게 움직여라."라고 말했다. 두려움으로 행동하지 못하지만 역설적이게도 행동해야 두려움을 없앨 수 있다.

나는 당신이 무엇이라도 '시도하는' 사람이 되기를 바란다. 제대로 된 준비 상태를 만들려고 하지 마라. 당신이 마음에 드는 준비 상태는 오지 않는다. 그뿐만 아니라 당신의 지금 상태보다 더 좋은 상태는 없다. 시간이 지날수록 당신은 나이를 먹을 것이다. 체력은 떨어질 것이다. 하지만 당신이 짊어져야 하는 책임은 커진다. 그러니 지금이 가장 좋은 상태이다. 두려워하지 말고 행동하라. 당신은 당신이 원하는 것을 이뤄낼 수 있는 사람이다.

03

완전한 실패는 없다

"때때로 실패하고 있지 않다면 이는 당신이 획기적인 시도를 전혀 하지 않고 있다는 신호이다."

– 우디 앨런

당신은 실패를 생각하면 어떠한 생각이 떠오르는가? 정체, 노력에 대한 물거품, 뒷걸음질, 낙담, 좌절과 같은 단어들이 떠오르는가? 실패를 떠올리면 대개 부정적인 단어를 떠올린다. 그도 그런 것이 실패를 사전에서 찾아보면 '일이 뜻한 대로 되지 아니하거나 그르침'이라고 설명되어 있다. 우리는 원치 않는 일을 겪을 때 실패라는 말을 쓴다. 시험에 떨어지거나, 준비하던 일이 엉망진창이 되거나, 일자리를 잃은 순간에 실패했다는 말을 하곤 한다. 하지만 안타깝게도 우리는 살아가면서 무수히 많은 실패를 겪는다. 그 누구도 삶을 살아가며 실패를 피할 수 없다. 인생을 살며 단, 한 번도 실패하지 않는 건 불가능하다. 우리의 목표가 크면 클수록 목표로 가는 길에는 많은 실패가 존재한다. 실패를 맞닥뜨린 순간 우리가 해야 할 건 낙담과 실망이 아니다. 그 실패를 통해 부족한 것을 채우고 모자란 것을 배우며 다시 나아가는 것이다.

지금은 프로그램이 폐지되었지만, KBS2에서 한창 인기를 끌던 〈안녕하세요〉라는 프로그램이 있었다. 〈안녕하세요〉는 사연자의 고민을 나누는 프로그램이었다. 사연자는 자신의 딸이 가난한 형편 때문에 중학교 자퇴를 원하는 것에 고민을 털어놓았다. 그 사연을 읽은 날, 게스트로 〈고등래퍼 2〉 우승자인 김하온이 나왔다. 김하온은 고등학교를 자퇴하고 홈스쿨링으로 공부를 했다. 김하온은 사연자의 딸에게 진심 어린 조언을 한다.

"자퇴라는 게 순간의 선택이 아니었으면 좋겠어요. 원하지 않는 경험에서도 배우는 게 무조건 있어요."

김하온이 사연자 딸에게 해준 조언은 나에게도 큰 감명을 주었다. 원하지 않는 경험에도 배우는 것이 있다. 나는 그 원하지는 않는 경험이 우리가 흔히 겪는 실패라고 생각한다. 많은 사람들이 실패를 원하지 않는다. 실패를 하면 자신감이 위축되고 끊임없이 스스로를 의심하게 된다. 그래서 가능하면 실패하지 않는 방향으로 빠르고 더 쉽게 성공하기를 바란다. 하지만 이러한 마음은 욕심에 지나지 않는다. 근육통 없이 근육이 성장할 수 없는 것처럼 실패 없이 성장할 수 없다. 성공할 수 없다. 우리가 말하는 성공한 사람들은 수없이 많은 실패를 반복하고 정상 위에 올라섰다.

"선수 생활을 하며 경기장에서 9,000개 이상의 슛을 실패했고, 약 300 경기에서 패배했으며, 26번 승부를 결정짓는 슛을 실패했다. 계속 실패하고 실패했다. 이것이 내 성공의 이유다."

이 말은 약 15년 전, 2006년에 만들어진 나이키 광고에서 나오는 말이다. 이 광고의 제목이 '실패'이다. 이 광고의 주인공이 누구인지 아는가? 바로 마이클 조던이다. NBA를 비롯해 그 누구도 이견이 없는 독보적인 농구 역사상 최고의 선수이자, 미국 역사상 최고의 스포츠 스타 1위에 선정된 바로 마이클 조던의 이야기이다.

마이클 조던은 고등학교 시절 농구부 1군에서 탈락했었다. 많은 사람이 조던과 같은 일을 겪는다면 이렇게 말할 것이다. "아, 역시 세상에는 날고 기는 애들이 너무 많다. 나는 농구에 재능이 없는가 보다."라고. 승부욕이 강했던 조던은 1군에 떨어진 순간 자존심에 굉장한 상처를 입었다. 좌절감과 질투심에 대성통곡을 하였다. 이러한 장면은 아주 익숙한 장면이다. 많은 사람들은 실패하면 울고 시도하던 일을 멈춘다. 하지만 조던은 달랐다.

조던은 학교 2군 소속이면서도 1군 학생들의 연습까지 참여한다. 1군에 올라간 이후에도 2군 연습에 전부 참가한다. 지독한 연습 벌레였던 마이클 조던은 그렇게 유망주로서 두각을 나타낸다. 그렇게 조던은 환상적인 실력을 가진 선수라고 슈퍼스타 대우를 받지만 이상하리만큼 NBA 우승에는 빈번히 실패한다. 조던은 프로 데뷔 7년 차 처음으로 우승 컵을 들어올릴 때 눈물을 흘리며 말한다.

"제가 처음에 왔을 때, 아무것도 없었어요. 바닥부터 시작해서 우승한 거예요. 너무 길었어요. 7년이나 걸렸다고요. 한 계단 한 계단, 조금씩 조금씩. 하지만 희망을 포기한 적은 없었어요. 전 언제나 믿고 있었어요."

모든 사람들이 이왕 한 번 사는 인생은 폼 나게 잘 살고 싶어 한다. 다시 말해 성공한 인생을 살길 원한다는 것이다. 하지만 우리가 듣는 이야기는 성공에 대한 이야기보다는 실패에 대한 이야기가 비일비재하다. 크고 작은 실패는 공기처럼 늘 우리 곁에 떠다닌다.

당신은 실패를 피하기 위해 제자리걸음을 택할 것인가? 가만히 앉아 도전하는 사람들을 바라만 볼 것인가? 그런 삶을 살기를 택한다면 당신의 한 번뿐인 인생은 지루할 것이고 도태될 것이다. 실패 없는 성공은 없다. 당신이 당신의 삶을 더 폼 나고 멋지게 살고 싶다면 당신은 실패를 받아들여야만 한다. 모빌스 그룹의『프리 워커스』에 이러한 구절이 있다.

"우리는 실패한 프로젝트는 덮어두기 바빴다. 그런데 하고 싶은 일을 하다 보면 그 일과 터무니없이 연결될 때가 있다. 책이라는 것도 단편 소설 쓰면서 만들 줄 알았지, 이렇게 우리 브랜드 이야기로 책을 출간하게 될 줄 누가 알았겠나. 그것도 같은 주제로 말이다."

모빌스 그룹 초창기 멤버들은 동화책을 만들려 하다가 처참히 망한 적이 있다고 한다. 그들은 수개월 동화책에 공을 들였지만 안타깝게도 수익은 1원도 나지 않았다고 한다. 당시 만든 인스타그램 계정은 자신들이 아는 지인들의 수도 넘기지 못했다고 한다. 하지만 그들이 낸 다른 책『프리 워커스』는 인기 베스트셀러가 되었다. 이 책은 굉장히 많이 판매되었다.

실패를 그 누구도 피할 수 없다면 실패에 대한 부정적인 사고를 바꿔 보는 것은 어떨까? 현대 철학에 가장 큰 영향을 끼친 철학자 니체는 이러한 말을 했다. "나를 죽이지 못한 고통은 나를 더 강하게 만든다." 실패는 당신이 하는 일을 가로막기 위한 장애물이 아니다. 아무것도 안 하고 배우지도 않고 발전하지 않는 것보다 해보고 실패해보는 것이 낫다. 실패를 극복하면 당신은 더 크게 성장한다. 더 큰 기회를 잡을 수 있다. 실패를 두려워하지 마라.

나는 만화가가 되기 위해 준비만 열심히 하고 시도를 하지 않았었다. 시간이 흘러 나의 모습을 돌아보았을 때 나 자신이 어리석다고 느껴졌다. 그 시간이 내심 아깝다고 생각했다. 하지만 내가 꾸준히 그림을 그렸던 시간 덕분에 나는 패키지 디자인을 할 때 내 그림을 넣을 수 있었다.

누군가가 당신의 실패를 비웃을까 걱정이 된다면 그건 창피해 할 일이 아니다. 캐런 리날디는 이렇게 말했다. "당신의 가치는 실패에 좌우되지 않는다." 혹여 누군가가 당신의 실패에 "거 봐. 내가 그거 안 된다고 했지."와 같은 오지랖과 훈수를 둔다면 그 말을 한 사람에게 당당하게 말해 줄 필요가 있다. 이 말을 꼭 기억하길 바란다. "내 문제는 내가 신경 써. 너는 너 문제나 신경 써." 당신이 당당하고 떳떳하게 말할수록 상대방은 당신의 눈치를 보며 아무 말도 하지 않을 것이다.

나는 완전한 실패는 없다고 생각한다. 모든 경험에는 배울 점과 깨달음이 있다. "결정의 순간이 왔을 때 최선은 옳은 일을 하는 것이다. 차선은 틀린 일을 하는 것이다. 최악은 아무것도 하지 않는 것이다."라는 말이 있다. 당신이 한 일이 시간 낭비 같고, 어리석어 보이고, 형편없어 보일 수 있다. 하지만 그것이 아무것도 하지 않고 시간을 흘려보내는 것보다 백 배 아니 천 배 낫다. "실패할 것 같으면 시도하지 않는 게 최선이다."와 같은 허튼소리는 집어치워라. 가만히 아무것도 않지 않는 삶만큼 최악인 삶이 없다. 명심하라. 완전한 실패는 없다. 원치 않는 경험에서도 배울 것이 있다.

04

실수해도 괜찮아

"성공은 성공 위에 지어지는 것이 아니다. 그것은 실패 위에, 절망 위에 지어진다. 가끔은 재앙 위에 지어지기도 한다."

– 섬너 레드스톤

인생에 절대 반박할 수 없는 진리가 하나 있다. 그 진리는 바로 모든 사람은 죽는다는 것이다. 나이를 많이 먹고 몸이 쇠약해져서 죽든 어느 날 갑자기 사고를 당해 죽든 병에 걸려 죽든 그 누구도 죽음을 피할 수 없다. 우리는 누구나 죽게 되어 있다.

"주마등처럼 스쳐 지나간다."라는 말을 들어본 적이 있는가? 죽기 직전에 많은 사람들이 자신이 살아온 삶의 장면들이 스쳐 지나간다고 한다. 당신은 그러한 순간에 놓여 당신의 삶을 바라보게 된다면 후회 없이 삶을 살았다고 말할 수 있는가? 일에 치여 살고, 인간관계에 스트레스 받으며, 말로만 다이어트를 수십 번 외치는 당신의 삶에 아무런 아쉬움도 느끼지 않을 자신이 있는가?

당신이 임종 때 후회를 한다면 당신은 인생에서 무언가를 이루지 못했거나 무언가를 갖지 못한 것에 대해 후회하지 않을 것이다. 예를 들어 "아…. 그 샤넬 백을 샀었어야 했는데, 몸짱이 되어봤어야 했는데."와 같은 말을 죽기 직전에 읊조리지는 않는다. 당신이 후회하게 될 것은 무언가를 이루기 위해 무언가를 갖기 위해 시도하지 않은 당신의 행동이다. 끝까지 해보지 않았다는 사실에 후회가 남을 것이다. 당신이 죽기 직전 "해봤어야 했는데…, 도중에 포기하지 말 걸."과 같은 후회, 회한, 슬픔의 감정에 휩싸일 것 같다면 당신은 지금의 당신과는 달라질 필요가 있다.

앞서 말했던 것처럼 당신은 명품 백과 신발을 사지 않은 것에 대해 회하지는 않을 것이다. 다만 당신은 명품 백과 신발을 살 정도 돈을 벌지 못한 것에 대해 후회할 것이다. 많은 임금을 받 을 그만두지 않은 것을 후회할 것이다. 다른 부업이라 에 대해 후회할 것이다. 당신은 몸매를 만들고 비

않은 것에 후회하지는 않을 것이다. 다만 당신은 이 정도는 괜찮겠지 자신과 타협하며 끊임없이 군것질하고 힘들다고 운동을 제대로 하지 않았던 당신의 행동에 대해 후회할 것이다. 당신이 대기업이나 공무원이 되지 못한 것에 대해 후회하지는 않을 것이다. 다만 대기업과 공무원 준비를 제대로 하지 않았던 당신의 나태함에 대해 후회할 것이다.

당신은 지금의 당신과는 달라질 필요가 있다. 당신이 죽기 직전 만족할 만한 삶, 원하는 삶을 이루기 위해 도전 정신을 가질 필요가 있다. 많은 사람들은 실수와 실패를 두려워해서 도전하지 않는다. 시도하지 않는다. '실패'라는 두려움에 떨며 그 두려움에 스스로 잡아먹힌다. 모든 일에 확신이 있어야만 행동한다면 당신은 아무런 행동도 하지 못할 것이다. 당신에게는 아무 변화도 일어나지 않을 것이다.

당신은 당신의 한계를 긋는 말을 자주 하지 않는가? 나는 못 해. 나는 돈이 없어서 못 해. 나는 시간이 없어서 못 해. 나는 이래서 못 하고, 저서 못 해 등등 이러한 말들은 모두 핑계에 불과하다. 당신은 지금의 당신 모습과는 달라지겠다고 다짐한다. 하지만 다양한 이유를 대며 그 다짐한 행동들을 미룬다. 끝내 온갖 변명으로 스스로의 다짐을 지키지 않신의 모습을 합리화한다. 간혹 몇몇 사람은 일을 시도해보기는 한다 시도한 일이 자신의 생각과 달리 흘러가 실패한다면

행복 자존감 수업

바로 허튼소리를 늘어놓는다. "아, 역시 해보지 말 걸."

당신이 부러워하는 삶을 살고 있는 사람과 당신의 차이점은 하나다. 그들은 온갖 이유를 들며 변명하지 않는다. 그런 이유가 핑계인 것을 안다. 그들은 일을 미루지 않으며 다양한 일을 시도한다. 시도만 하는 것이 아니다. 시도와 함께 그들 역시 실패한다. 하지만 그들은 실패를 '그만하라.'가 아닌 '다시 하라.'로 받아들인다. 한 연설에서 애플의 창업가 스티븐 잡스는 말한다.

"성공한 사람들과 실패한 사람들의 가장 큰 차이점은 실패한 사람들은 도중에 포기했다는 겁니다. 이들은 성공한 사람들보다 빨리 포기해버린 사람들입니다."

우주여행 프로젝트인 스페이스 X와 전기 자동차 제조 업체 테슬라의 최고경영자인 일론 머스크를 한 번쯤은 들어본 적이 있을 것이다. 그는 전 세계적인 부자로 손꼽힌다. 일론 머스크의 아버지는 남아공에서 최연소 기술사 자격을 취득한 우수한 전기 기술자여서 어린 시절 집안이 상당히 부유했었다고 한다. 일론 머스크가 금수저 집안에서 태어났으니 성공 대로를 걷기가 쉬웠다고 생각하는가? 그가 항상 탄탄대로를 걸어왔을 거라고 생각이 드는가? 만약 그런 생각이 든다면 당신의 생각은 틀렸다.

일론 머스크는 어릴 적 키가 왜소했으며 성격도 수줍었다고 한다. 그는 그런 모습으로 인해 학교 폭력의 피해자가 되었다. 일론 머스크를 괴롭히던 학급의 친구들은 그를 주먹으로 때리고 심지어 돌도 집어던졌다. 하지만 안타깝게도 그는 집에서도 편할 수 없었다. 우수한 전기 기술자인 아버지는 가부장적이고 폭력적인 성향이 짙었다. 아버지는 가족에게 폭력을 일삼았다. 가정 폭력을 참지 못한 어머니 메이 머스크는 이혼을 하고 3명의 자녀를 데리고 나온다. 이혼으로 가정 폭력에서 벗어났지만 이번에는 가난이 집안을 덮쳐왔다. 빈곤층이 사는 임대 아파트에서 우유라도 한 번 엎으면 "다시 살 돈이 없어 서러워."라고 말하며 눈물을 흘리는 힘든 시절을 보냈다고 한다.

불우한 가정 환경을 극복한 그의 창업의 길은 어떠하였을까? "비가 오면 해가 뜬다."라는 말처럼 보상받는 날들로만 이루어져 있었을까? "지금은 어마무시한 부자니까. 그렇겠지."라는 생각을 하고 있다면 그 생각 역시 틀린 생각이다.

일론 머스크는 1995년 ZIP2 창업을 시작으로 페이팔을 설립한 후 매각하여 젊은 나이에 2,000억 원대의 억만장자가 된다. 이후 스페이스 X를 설립하고 테슬라의 경영에 뛰어들면서 개인 자산의 대부분을 투자한다. 하지만 설립 후 많은 문제들이 연달아 발생한다. 2000년대 중후반 테슬라 로드스터의 배터리와 변속기에서 문제가 발생해 처음부터 재설계를 해야 했다. 그로 인해 정식 출시일을 지키지 못해 고객과 언론에게 엄청난 비난을 받았다. 또한 스페이스 X의 로켓은 1~3차 발사가 모두 실패하면서 막대한 재정난을 겪었다. 그의 창업의 길은 시도와 실패의 반복이었다.

일론 머스크와 한 인터뷰에서 인터뷰어가 묻는다. "기존 자동차 회사의 패러다임에 도전할 때는 어떻게 그것을 결국 성공으로 만드셨다고 생각하시나요?" 일론 머스크는 대답한다. "저는 테슬라가 성공할 거라 생각하지 않았어요. 오히려 거의 실패할 거라 봤죠. 하지만 적어도 사람들의 잘못된 인식을 바꾸고 싶었어요. 전기차는 골프 카트처럼 못생기고 느리고 지루하다는 걸요." 그의 대답을 들은 인터뷰어는 다시 질문한다. "회사가 성공할 거라 생각하지 못했다고 했는데 그럼 왜 하신 건가요?" 이 질문에 일론 머스크의 대답이 큰 울림으로 다가왔다.

"무언가가 충분히 중요하다면 반드시 시도해야 합니다. 만약 결과가 실패일지라도요. 저는 사실 두려움을 많이 느끼곤 합니다. 하지만 저는 절대 포기하지 않아요."

높은 확률로 당신이 원하는 행동은 일론 머스크보다는 스케일이 작을 것이다. 당신이 실수할까 봐, 실패할까 봐 머뭇거리는 행동은 우주여행이나, 자동차계의 새로운 패러다임을 제시하는 일이 아닐 것이다. 그렇다면 흔히 접할 수 있는 일상에서 예를 들어보자.

나에게는 절실한 신앙심을 가지고 교회를 다니는 친구 K가 있다. 친구 K는 오랫동안 같은 교회의 오빠를 짝사랑하였다. 시간이 지날수록 K는 교회 오빠에 대한 마음이 커졌다. K와 이야기할 때 어떤 주제든 결국은 K의 짝사랑에 대한 이야기로 끝났다. 계속 교회 오빠를 이야기하는 K를 보며 말했다. "매일 이야기하는 걸 보니 엄청 좋아하는 것 같은데 그냥 고백해." K는 대답했다. "고백했다가 차이면 어쩌려고. 어색해지면 어떡해. 교회 사람들의 입방아에 오르락내리락하기 싫어."라고. 친구 K는 끝내 고백하지 않았고 그 교회 오빠를 4년간 짝사랑하며 아직도 그를 좋아하고 있다.

당신은 이런 짝사랑 같은 소소한 문제부터 시험, 취업, 사업 등 머뭇거리는 일이 있는가? 왜 머뭇거리고 있는가? 그 행동이 꼭 성공할 보장은 없지만, 실패한다고 목숨이 위험한가? 평생을 벌어도 갚지 못할 빚이 되어 돌아오는가? 당신도 실수와 실패의 불안감으로 당신이 하고 싶은 일을 미루고 있다면 한 번쯤은 저질러봐도 괜찮다. 아니, 여러 번 시도해봐도 괜찮다.

노벨 문학상을 수상한 윈스턴 처칠이 한 말이 있다. "실패는 치명적인 것이 아니다. 중요한 것은 그 과정을 지속하는 용기다." 실수해도 괜찮다. 실패해도 괜찮다. 넘어져도 괜찮다. 망해도 괜찮다. 하지만 나중에 후회할 걸 알면서도 아무런 행동도 조치도 취하지 않는 것은 괜찮지 않다. 당신이 머뭇거리고 미룬 행동들은 나중에 후회가 되어 돌아온다. 훗날 자신의 행동에 아쉬움을 느낄 거라면 시도해라. 행동하라. 성공하지 못한다고 해도 괜찮다. 당신이 당신이 세운 목표를 위해 최선을 다했다면 그 행동 자체로 당신은 인생의 큰 교훈을 얻게 될 것이다.

05

뜻대로 안 되니까 인생이다

"인생은 불확실한 항해이다."

— 셰익스피어

많은 사람들을 위험하고 도전적인 것을 지향하지 않는다. 안정적이고 편안함을 좋아한다. 그러다 보니 끊임없이 앞을 내다 보며 무슨 일이 일어날지 '예측'하고 싶어 한다.

예를 들어보자. 주식을 산다고 해도 내가 사는 주식이 오를까? 안 오르면 어떡하지? 끊임없이 예상하려 든다. 타로나 사주를 보는 심리 또한 마찬가지다. 자신의 앞날을 듣고 싶어 한다. 우리는 앞으로 무엇을 이룰

지, 어디로 갈지, 언제 시작할지 다양한 일들을 알고 싶어 한다. 우리는 다가올 미래를 준비하고 싶어 한다. 그 미래를 대비하며 좀 더 안정적인 삶을 보내기를 바란다. 하지만 안타깝게도 그것은 단순한 바람에 지나지 않는다.

나 역시 사주와 타로를 즐겨본다. 또한 나에게 닥칠 일들이 내가 생각해둔 범주 안에서 일어나길 바라며 항상 계획을 세운다. 하지만 인생은 내가 원하는 대로 흘러가지 않더라. 내 생각 외의 변수가 수없이 튀어나오며 내가 계획했던 방향과는 다르게 흘러갔다. 나의 뜻대로 흘러가지 않던 내 인생 이야기를 들어보겠는가? 나의 이야기가 당신의 삶이 당신의 예상 범위 밖으로 튕겨져 나갔을 때 낙담하지 않고 나아갈 용기가 되길 바란다.

나는 어릴 때부터 미술을 좋아했다. 결국 부모님을 설득한 끝에 가정형편이 어려운데도 불구하고 고등학교 2학년 때부터 입시 미술을 시작할 수 있었다. 그 당시 아버지의 월급이 약 120만 원의 돈이었다. 나는 고등학생 때 영어 학원과 미술 학원을 다녔다. 내가 다니는 두 개의 학원비 총액이 100만 원 정도였다. 부모님은 두 분이 버신 월급의 큰 비중을 나의 사교육비로 지출하셨다. 하지만 절망적이게도 1년 반 동안 내주신 값에 비해 나의 수능 성적은 초라했고 부모님께 상당히 죄송함을 느꼈다. 그렇게 나는 스무 살이 되자마자 알바를 시작하였고 부모님께 돈을 받지 않았다. 누군가는 이런 내 모습을 효녀라고 말했다. 하지만 내 행동은 부모님의 투자 대비 결과를 맺지 못한 일종의 죄책감에서 비롯된 것이었다.

내가 하고 싶은 걸 지원해주느라 아버지는 차를 바꾸지 못했다. 중학생 나이의 차를 계속 타고 다니시다 폐차를 하셨다. 그런 집안 형편을 알아서 좋은 차를 사주고 싶었다. 돈으로 부모님을 호강시켜주고 싶었다.

그런데 어느 날 아버지가 돌아가셨다. 내가 마지막 스무 살을 보내는 12월에. 병원에 계시다가 돌아가신 것도 아니고, 교통사고 같은 사고사도 아니었다. 취미인 등산을 하시다가 산에서 내려오시던 길에 아버지는 쓰러지셨다. 그렇게 그대로 아버지는 우리 가족의 곁을 떠났다. 장례식 도중 엄마가 하는 이야기를 우연히 듣게 되었다. 아버지가 언니, 오빠, 나 3명의 등록금을 계속 걱정했다는 이야기, 가슴 통증이 주기적으로 있었는데 병원비 걱정에 병원을 가지 않았다는 이야기. 이 이야기를 들은 이후부터 돈을 좇는 삶을 살기 시작했다.

그 이후로 무수히 많은 아르바이트를 하였고 주 80시간 이상 일을 하는 건 나에게 일상이었다. 코로나로 일이 멈추기 전까지는 80시간 이하로 일을 안 해본 적이 없을 정도였다. 주말이나 공휴일 역시 나에게는 쉬는 날이 아니었다.

하지만 아르바이트는 단순노동이다 보니 노동의 가치는 측정 받을 수 있지만 노동으로 내가 배운 것이 전혀 없었다. 시간이 지나면서 나이를 먹지만 나 스스로가 고여 있다는 생각이 들었다. 일을 하며 무언가 배우고 싶다는 욕심으로 회사에 취직을 하게 된다.

내가 처음 취직한 회사는 스타트업이었다. 그때 한창 스타트업 드라마를 방영하고 있어서 설렘이 굉장히 컸던 걸로 기억한다. 첫 출근길에는 내가 마치 드라마의 주인공인 수지가 된 것 같기도 했다. 스타트업은 회사 특성상 직원 수가 적다. 할 일은 많고, 임금도 적다. 업계의 암묵적인 룰인지 야근을 해도 추가 수당이 없었다.

나는 아침부터 늦은 저녁까지 열심히 일했다. 처음 하는 직장 생활이라서 잘하고 싶었다. 주말에도 작업물을 집에 가져와 일하고는 했다. 그렇게 한 달 뒤 월급이 들어왔다. 세금을 떼고 남은 160만 원. 통장에 찍힌 월급을 보고 두 가지 교훈을 얻었다.

첫 번째, 한 달 아르바이트 급여보다 회사 월급이 적다는 것. 세금을 떼고 받는 돈이라 최저 시급도 받지 못한다는 것. 두 번째, 회사 월급으로는 부자가 될 수 없다는 것. 큰 깨달음을 얻었지만, 사회 초년생에게는 돈보다는 경험이 중요하다고 말들 해 쉽사리 그만둘 수도 없었다. 대표님께서 뒤에서 회사 직원들을 험담하다 들키기 전까지는.

다음으로 취업한 회사는 중소기업이었다. 이전 회사에서 수당 없이 일하는 게 너무 싫었다. 정시 퇴근을 하는 회사를 중점으로 알아보았다. 덕분에 두 번째 회사는 점심시간과 퇴근시간을 정확히 지켜주는 장점이 있었다. 하지만 그 점만 보지 말았어야 했다. 조금 더 잘 알아보았어야 했다. 부부 운영으로 사장님이 두 분이 계셨는데, 두 분 모두 직원들을 너무 함부로 대했다.

직원들의 직책이 있지만 "지, 야, 니"라는 말을 섞어 직원들을 불렀다. 화는 또 왜 그렇게 많으신지 매일 소리를 지르셨다. 사장님이 출근하면 항상 눈치를 봐야 했다.

두 번째 회사에서도 스타트업처럼 160만 원을 받았다. 배움을 위한 투자로 돈을 너무 많이 지출한 상태여서 회사를 쉽사리 그만둘 수는 없었다. 사장님들이 나에게 쌍욕을 하기 전까지는.

고작 두 번의 회사 경험이었지만 취업이 무서워졌다. 다음에 다니게 될 회사에서는 또 어떤 상처를 받을까 두려웠다. 그런 일을 겪었을 때 화도 많이 났고 속도 많이 상했다. 하지만 나는 나의 이런 상황을 누군가에게 넋두리하는 성격이 아니다. 그래서 블로그에 글을 썼다. 갑자기 뜬금없이 웬 블로그 글쓰기인가 싶겠다. 한창 일과 돈에 대해 생각이 많아졌을 때 읽은 책이 있다. 『인디펜던트 워커』라는 책이다.

그 책에서 윤성원 작가님 이러한 말을 한다.

"인생을 살아가는 데 있어서, 그리고 생각과 감정을 타인에게 효과적으로 전달하기 위해서 글쓰기가 꼭 필요한 역량이라고 생각한다."

구절을 읽고 블로그에 글을 쓰기 시작했다. 글을 쓰다 보니 잘 쓰고 싶어져서 다독을 하게 되었다. 그때 읽었던 많은 책 중에 『김대리는 어떻게 1개월 만에 작가가 됐을까』을 통해 〈한국책쓰기1인창업코칭협회(이하 한책협)〉를 알게 되었다. 〈한책협〉은 '베스트셀러 제조기', '미다스의 손'라고 불리는, 김도사님이 대표로 계신다. 김도사님은 책 쓰기 업계에서 가장 유명한 전문가다. 김도사님께서 항상 하시는 말씀이 있다.

"성공은 다소 건방진 생각에 의해 앞당겨진다. 그러니 '성공해야 책을 쓴다'라는 생각은 버려라."

김도사님께서는 글쓰기와 독서에서 자기계발을 멈추지 말고 책을 쓰라고 조언해주셨다. 그 말을 듣고 나는 〈한책협〉 책 쓰기 과정에 등록했다. 김도사님의 정성 어린 코칭과 가르침을 받아 나는 빠른 기간 안에 작가가 되었다.

간략한 나의 인생 이야기가 어떠한가? 나는 적지 않은 우여곡절을 겪은 삶을 산 사람으로 내 삶에 자부심이 있다. 내가 살아왔던 것처럼 앞으로도 내 인생은 예측 불가능하고 불확실함으로 가득 차 있을 것이다. 하지만 나는 그러한 모든 일들을 극복하고 끝내 앞으로도 더 나아가는 사람이 될 것이다. 내가 그런 것처럼 당신 또한 그럴 수 있다.

다시 말해 내 인생이 뜻대로 흘러가지 않았던 것처럼 당신의 인생도 뜻대로 흘러가지 않을 것이다. 아! 오해하지 말아라. 악담이 아니라 팩트를 전달한 것뿐이다.

인생에는 필수적으로 불확실성이라는 게 존재한다. 불확실성이 있기 때문에 우리는 새로운 것을 경험하고 유례없는 결과를 만들 수 있다.

어느 날 당신의 예상 밖의 일이 당신을 찾아온다고 당황하거나 겁먹지 않기를 바란다. 편안함과 안전함만을 고수한다면, 당신은 앞으로 나아갈 수 없다. 시간이 지나도 당신은 제자리걸음일 것이다. 불확실성을 정면으로 부딪혀라. 나는 당신이 당신의 삶에 찾아온 불확실성을 깨부수고 당신이 만족할 만한 새로운 결과를 만들어내기를 바란다.

06

다시 도전해도 괜찮아

"자신 있는 사람에게 도전이란 더 나은 것을 만들기 위한 과정, 분발의 계기가 된다."

– 킹 휘트니 주니어

어릴 때 아버지가 종종 하신 말씀이 있다. "인생을 살 때 다룰 수 있는 악기가 있으면 좋아. 나중에라도 꼭 하나쯤은 배워 놔."라고. 어릴 때는 아버지의 말이 와닿지 않았다. 나는 아버지의 조언을 들을 때마다 '악기를 다룰 수 있으면 좋긴 하겠지만 굳이 악기를 배워야 하나?'라는 생각이 주를 이뤘다. 하지만 나이를 먹을수록 악기를 잘 다루는 사람이 멋있다는 것을 알게 되었다. 그 깨달음을 얻은 순간 나는 '아! 이래서 악기를 배우라고 한 건가? 악기를 배워야겠다.'라는 마음을 먹었다.

당신도 이러한 경험이 있지 않은가? 학창 시절 음악실에 가면 피아노 한 대가 놓여 있다. 꼭 같은 학급에 피아노를 잘 치는 친구가 있다. 그 친구들이 수업 시간 전에 피아노를 가끔 연주한다.

나는 고등학교 때 한 친구가 DJ Okawari의 〈Flower dance〉라는 곡을 친 적이 있다. 반 아이들과 친구의 연주 실력을 극찬하며 열렬한 환호를 보냈다. 마치 가수 콘서트처럼. "너무 멋있잖아~ 한 곡만 더 쳐줘~"와 같은 앙코르 요청을 받으면 피아노를 잘 치는 친구는 다음 곡으로 히사이시 조의 〈Summer〉를 연주하곤 했다.

나는 성인이 돼서 돈을 벌기 시작할 무렵 악기를 배우기 시작했다. 기타를 배웠고, 지금은 피아노를 배운다. 나는 처음에 피아노 학원을 갔을 때 악보를 전혀 볼 줄 몰랐다. (기타는 코드로 치기 때문에 악보를 보지 못해도 상관없다.) 사실 지금도 낮은음자리표는 잘 읽지 못한다. 그래서 외워서 연주한다. 악보에 손이 익숙해지기 전까지 나는 내가 치는 곡이 도대체 무슨 곡인가 싶을 때가 많다. 뚝뚝 끊기고 너무 느리게 치기 때문이다. 그럴 때마다 나는 내가 치는 연주 영상을 본다. 잘 치는 영상일수록 많은 댓글이 달려 있다. 특히 이런 댓글들을 심상치 않게 볼 수 있다.

"진짜 잘 친다. 나도 어렸을 때 피아노 배웠는데, 그만두지 말 걸."

"너무 어려워서 치다 말았는데 이런 곡이었네. 멋있다."

"학교에서 이렇게 멋있게 치고 자리 돌아가는 상상을 오늘도 해본다."

이런 댓글을 다는 사람들은 왜 다시 피아노를 연주해보려 하지 않는 것일까? 왜 잘 치는 상상만 하는 것일까? 이러한 사람들은 타인의 재능에 감탄하며 칭찬한다. 타인의 재능을 부러워하곤 한다. 하지만 이들은 자신이 감탄한 그들과 동일 선상에 설 수 없다고 생각한다. 스스로 잘하는 사람과 자신 사이에 깨지지 않는 벽을 세운다. "연습해서 똑같이 칠 수 있어요!"라는 응원을 받으면 이들은 말한다. "저는 돈이 없어서 배울 수가 없어요.", "시간이 없어서.", "저는 악보를 못 봐서." 등 다양한 이유를 되며 자신이 못하는 이유를 설명한다.

당신은 어떠한가? 당신 또한 다른 사람의 능력을 부러워만 하고 있지 않는가? 그들과 당신은 애초부터 달라서 난 할 수 없다고, 멋있어질 수 없다고, 근사해질 수 없다고 수많은 이유를 대고 있지 않은가? 당신 역시 당신이 멋있다고 생각하는 그들과 똑같아질 수 있다. 이제껏 잘난 사람을 바라보고 '그들은 나와 다르다.'라는 생각을 했다면 그 형편없는 생각을 때려치워라. 당신이 바라는 능력을 쟁취하기 위해 행동하라. 당신이 부럽다고 느끼는 재능을 얻기 위해 도전하라.

〈놀면 뭐하니?〉는 김태호 PD가 연출했던 〈무한도전〉의 메인 MC 유재석과 다시 의기투합하여 만들어진 예능이다. 〈무한도전〉의 정신적 후속작으로 취급받고 있는 〈놀면 뭐하니?〉는 정해진 포맷 없이 유재석에게 각종 콘텐츠를 시킨다. 〈놀면 뭐하니?〉에서 방영된 싹쓰리, 환불원정대, MSG 워너비 등등 다양한 편들이 큰 인기를 끌었다. 그 중 내가 가장 감명 깊게 본 콘텐츠는 위드유 편이었다. 위드유 편은 누군가의 도움을 필요로 하는 의뢰인에게 유재석의 시간을 나누어주는 것이다. 나는 의뢰인과 함께 시간을 보내는 위드유 편에서 따뜻한 감동을 느꼈다.

위드유 편에서 나온 한 에피소드에서 중년의 어머니 최순임 씨는 자전거를 배우고 싶어 한다. 그녀는 출퇴근을 자전거로 하길 원한다. 안타깝게도 최순임 씨의 남편과 아들은 최순임 씨에게 자전거를 잘 가르쳐주지 않았다. 남편과 아들은 최순임 씨에게 자전거를 가르쳐준 적도 있다. 하지만 잘 따라오지 못하는 최순임 씨가 답답해 가르쳐주는 과정에서 종종 다툼이 생겼다고 한다. 혹시 하는 마음으로 그녀는 자신에게 자전거를 가르쳐주실 분이 있는지 중고거래 앱에 자신의 사연을 올린 것이었다. 유재석은 최순임 씨를 찾아가 그녀를 위해 자전거 과외를 해준다.

유재석은 의뢰인 최순임 씨에게 자전거에서 중심을 잡는 법부터 차근차근 가르쳐주기 시작한다. 자전거에 익숙하지 않은 최순임 씨는 자전거의 중심을 잘 잡지 못한다. 그녀는 잘 나아가지 못하고 자꾸 넘어진다. 수업을 잘 따라가지 못하자 최순임 씨는 위축된다. 그때 유재석은 그녀에게 말한다.

"괜찮아요. 넘어지는 게 정상이에요. 다시 한번 해봐요."

유재석의 격려와 응원 속에서 자전거 과외가 계속 진행된다. 최순임 씨는 이전에 자전거를 배울 때 종종 드는 생각이 있었다고 한다. "어린 애들 자전거 타고 다니는 거 보면 엄청 조그마한 애들도 금방 배우던데, 그게 참 부럽더라고요. 다른 사람들은 아무렇지도 않게 자전거를 타는데 나는 왜 이렇게 못 탈까 싶기도 하고." 그녀의 말을 들은 유재석은 말한다. "어렸을 때는 넘어지는 게 겁이 안 나서 그래요. 어른이 되면 될수록 넘어지는 것에 두려움이 있잖아요." 유재석의 위로에 그녀는 "나는 안 된다 안 된다 하고 살았었어요."라고 말한다.

"세상에 안 되는 일이 어딨어요. 하면 돼요! 다만 시간이 걸릴 뿐이죠. 지금 한 노력이 없어질 것 같지만, 그렇지 않아요. 몸이 기억할 거예요. 무조건 돼요."

끝내 그날 하루 최순임 씨는 혼자 자전거를 탈 수 있게 되었다. 그녀는 살면서 처음 느끼는 희열에 소리를 지르며 기뻐했다. 유재석은 결국 자전거 타기를 이뤄내신 어머님의 모습에 박수를 보냈다. 위드유 편의 자전거 에피소드는 마치 한 편의 힐링 드라마 같았다.

당신도 무언가 원하는 게 있다면 도전하라. 당신 역시 〈놀면 뭐하니?〉에서 나온 최순임 씨처럼 두려움을 이겨내고 이루어낼 수 있다. 사람들은 도전하기 전에 많은 겁을 먹는다. 자신의 나이가 너무 늦은 건 아닐까 걱정하고, 돈과 시간을 쓰는 걸 걱정한다. 자신의 노력이 물거품이 되지 않을까 걱정한다. 영국 드라마 〈셜록〉으로 유명한 베네딕트 컴버배치는 한 연설에서 말한다.

"그만 생각하고, 그만 걱정하고, 그만 뒤돌아보고, 그만 망설이고, 그만 의심하고, 그만 두려워하고, 쉬운 길 찾지 말고 그냥 좀 해. 쓸데없는 생각 없이 말이야. 네가 원하는 무엇이든 될 수 있어. 네 능력을 믿어야만 해. 그리고 네가 한 일을 정당화할 필요도 없다는 걸 알아야 돼. 너 스스로조차 말이야. 그러니까 네가 할 수 있는 가장 터무니없는 걸 시도해봐."

나는 당신이 도전하는 사람이 되길 바란다. 하고 싶은 일을 포기해서 훗날 자신의 행동에 후회로 가득 찬 사람이 되지 않기를 바란다. 이전에 시도해보았던 일들이 당신의 생각처럼 흘러가지 않았을 수 있다. 유재석이 자전거를 타지 못한 의뢰자에게 한 말. "넘어지는 게 정상이에요. 다시 한번 해봐요."의 말을 기억해라. 자전거뿐만 아니라 모든 도전에 넘어질 수 있다. 넘어지는 것은 이상한 것이 아니다. 정상이다. 다시 한번 도전하면 된다.

가볍게 시작하라. 당신 자신을 믿어라. 당신의 생각처럼 되지 않는다면 다시 도전해라. 사람의 잠재력은 무한하고 당신의 잠재력 역시 무한하다. 당신의 위대함을 이끌어내라.

07

단점보다는 장점을 봐라

"남의 잘못에 대해서 관용하라. 오늘 저지른 남의 잘못은 어제의 내 잘 못이었던 것을 생각하라. 잘못이 없는 사람은 하나도 없다. 완전하지 못 한 것이 사람이라는 점을 항상 생각해야 하는 것이다."

– 셰익스피어

러시아의 대문호 톨스토이의 소설 『안나 카레니나』의 첫 구절이다.

"행복한 가정은 모두 엇비슷하고 불행한 가정은 불행한 이유가 제각기 다르다."

이것을 바로 안나 카레니나 법칙이라고 한다. 나는 안나 카레니나의 법칙을 통해 한 가지 사실을 알 수 있었다.

좋은 것들에 비해 나쁜 것들이 더 눈에 쉽게 띈다는 사실 말이다. 좋지 않은 부분은 금방 보이며 능수능란하게 짚어내지만 좋은 점은 의도적으로 찾아봐야 보이며 쉽사리 지나친다.

이렇게 많은 사람들이 장점보다 단점을 보는 데 더 특화되어 있다. 그래서 피드백 역시 장점에 대한 이야기보다는 단점을 지적하는 이야기가 더 많다. 인생을 살면서 뒷담화를 하는 사람을 겪어본 적이 있을 것이다. 남을 비방하고 안 좋게 이야기하는 행위 역시 다른 사람의 단점만을 바라보고 사람을 평가하는 것이다. (말을 만들어서 욕하는 사람도 있지만 그건 제외하겠다.)

당신은 장점을 먼저 보는 사람인가? 단점을 먼저 보는 사람인가? 대부분의 사람들은 자신과 타인의 잘못은 기가 막히게 눈에 들어오지만 반대로 장점에 대해서는 초점을 맞추지 않는다. 오죽하면 "100가지 장점보다 1가지 단점이 눈에 띈다."라는 말이 있을 정도다. 그렇다면 우리는 왜 단점에 더 집중하게 되는 것일까?

자녀의 성적을 확인하는 부모들의 반응을 연구한 한 실험이 있다. 자녀의 성적은 영어와 사회가 '수', 과학이 '미', 수학이 '가'였다. 이러한 성적을 받아온다면 부모의 반응은 어떠할까? "영어랑 사회랑 잘 봤네~ 수학만 좀 높이면 충분하겠는데!"와 같은 반응을 보일까? 그렇다면 좋겠지만 현실은 달랐다. 77퍼센트 높은 확률로 부모들은 수학 성적에 초점을 맞췄다. 위의 실험 결과처럼 부정적인 정보가 발생하면 사람들은 다른 긍정적인 정보보다 부정적인 것에 더 집중하게 되는데, 이것을 '부정성 효과'라고 부른다.

부정성 효과로 인해 우리는 다른 사람을 볼 때 장점보다 단점을 더 빨리 발견하고 인식한다. 부정성 효과는 먼 과거 수렵과 채집을 하던 시절 위험 신호로부터 자신의 생명을 보호하기 위해 비롯되었다고 한다. 긍정적인 정보보다 부정적인 정보를 더 중요시하게 여겨 나에게 해가 될 것 같은 일들로부터 스스로를 지켜나갔다는 것이다.

부정적인 뉴스가 긍정적인 뉴스에 비해 사람들 뇌리에 훨씬 강하게 남는 이유 역시 부정성 효과에 의한 것이다. 뉴스는 새로운 소식을 전하여 주는 방송 프로그램이다. 뉴스는 다방면에서 다양한 소식을 가져와 우리에게 정보를 전달해준다.

예를 들어 뉴스에서 보도될 2가지의 내용이 있다고 가정해보자. 첫 번째 뉴스는 폐지를 모아 돈을 기부한 할머니를 이야기한다. 두 번째는 뉴스에서는 여성을 살해한 살인 사건을 담는다. 뉴스가 끝나고 대중들의 입에 더 많이 담기는 소식은 무엇일까? 부정적인 내용을 다룬 살인 사건이다.

사람은 완벽하지 않다. 사람마다 저마다의 단점을 가지고 있다. 우리는 부정성 효과에 의해 스스로나 타인의 약점과 단점만 바라봐서는 안 된다. 매번 부정적인 사항에 민감하게 반응하여 쉽게 판단해버리면 오히려 자신이 오류에 가득 찬 삶에 살게 될 가능성이 높다. 우리는 의도적으로 긍정적인 면모를 보려 노력해야 한다. 처세술 전문가로 유명한 데일 카네기는 말한다.

"우리는 누구나 잘못을 저지르기 쉽다. 아홉 가지의 잘못을 찾아 꾸짖는 것보다는 단 한 가지의 잘한 일을 발견해 칭찬해주는 것이 그 사람을 올바르게 인도하는 데 큰 힘이 될 수 있다."

유튜브에서 인상 깊게 읽었던 댓글이 있었다. A는 말했다. "저에게 아무것도 시키지 않아서일까요? 그냥 누워서 만화 보고 노래 듣고 게임만 하고 있네요. 저는 재능이 없는 사람인 것 같아요. 게으르기만 하네요." 라고. A의 글을 읽은 B가 답글을 달았다.

"당신은 누군가의 이야기를 꾸준히 듣는 재능을 가지셨네요. 저는 완독한 만화가 없고요. 어렸을 때 게임을 못한다고 PC방을 오지 말라는 소리를 들어서 그 말이 트라우마로 남았어요. 그래서 새로 나온 게임은 해보지도 않고 스트리밍으로 대리만족만 하죠. 저는 당신같이 만화나 게임을 즐기는 사람이 부러워요."

답글을 쓴 B라는 인물에 크게 감탄하였다. 만화를 다 읽는 것을 남의 이야기를 꾸준히 듣는다고 표현한다는 점. 만화나 게임이라는 오락을 즐긴다고 표현한 점. 누군가의 행동에서 좋은 점을 긍정적인 면모만 찾아내는 모습에 감동을 먹었다. 우리는 B가 사람을 바라보는 시선처럼 타인이나 나를 바라보아야 한다.

많은 사람들에게 A4 용지를 주고 장점과 단점을 쓰라고 말하면 단점은 쉽게 쓰는 반면 장점은 한 줄도 쓰기 힘들어한다. 하지만 장점이 없는 사람은 없다. 단점이 없는 사람이 없듯이 장점이 없는 사람도 없다. 우리는 모두 서로 다른 장점과 단점을 가지고 있다. 후웨이홍의 『성공한 CEO들의 69가지 습관』 이러한 구절이 나온다.

"이 세상에 단점이 없는 완벽한 사람은 없다. 사람을 기용할 때는 그의 단점을 억누르면서 최대한 단점을 활용할 수 있도록 만들자. 그것이야말

로 가장 현명한 용병술이다. 또한, 타인을 대할 때 상대방의 장점에만 주
의력을 집중시킨다면 그 사람의 단점은 더 이상 눈에 보이지 않을 것이
다."

자신의 장단점을 파악하면 또 다른 고민에 빠질 수 있다. "단점을 보완
하는 것과 장점을 강화하는 것 중 무엇이 더 옳은 것일까?"와 같은 질문
을 들어본 적이 있을 것이다. 우리는 장점을 길러야 한다는 말을 많이 듣
고 자라왔다. 하지만 앞의 설명한 부정성 효과를 들으면 단점을 보완하
는 것이 우선인 것처럼 들린다. 그렇다면 단점, 안 좋은 면모를 가리는
것에 힘쓰는 것이 옳은 일인 것일까?

김도윤의 『럭키』에 이러한 구절이 있다.

"단점을 보완하는 데 치중하니까 장점마저도 평범해지더라고요. 물론
어느 정도 보완해야 하는 단점도 있지만, 과락을 면할 정도로만 노력하
고 과감히 놓아버리는 용기도 필요해요. 단점을 장점으로 만들려고 매달
리는 순간 대부분은 이도 저도 아니게 됩니다."

굳이 단점을 고쳐보려고 노력하지 마라. 단점이 타인을 피해 입히는
치명적인 결함이 아니라면 단점에 초점을 맞출 필요는 없다.

우리는 완벽한 사람이 아니고 서로 다른 장단점을 가지고 있을 뿐이다. 타인의 장점을 보려 노력하자. 스스로도 단점을 찾아 콤플렉스에 시달리지 말아라. 어떻게 보느냐에 따라서 문제라고 생각했던 부분이 전혀 아무렇지 않게 느껴질 수 있다. 장점을 많이 본다면 모든 일에서 좋은 일들이 일어날 것이다. 사람을 대할 때도, 일을 할 때도. 기억하라. 단점보다는 장점을 보아라. 완전무결한 사람은 그 어디에도 없다.

세상은 당신을 구원해주지 않는다 당신을 구할 수 있는 건 당신 자신뿐이다

행복한 어른이 되는
자존감 수업

4장

당당하게 살아도 괜찮아

삶에 최선을 다하고 있다면 자부심을 느껴라

"잊지 말자, 나는 어머니의 자부심이다."

― 드라마 〈미생〉

당신은 스스로에게 자부심을 느끼는 사람인가? 당신 스스로를 자랑스럽게 느끼는가? 당신 스스로를 설명할 때 '평범', '평균'이라는 단어로 사용하고 있지는 않은가? 스스로를 낮잡아 소개하지는 않는가? 자부심이란 자신 또는 자기와 관련되어 있는 것에 대하여 자랑스럽게 여기는 마음을 말한다.

과거의 나를 되돌아보면 나는 자부심보다는 부끄러움을 느끼는 사람이었다. 자부심으로 똘똘 뭉친 사람들은 뭔가 타고나서 나와 다른 무언가가 있는 사람인 줄 알았다. 나는 정말 별것도 아닌 것에 창피함을 느끼고는 했다.

내가 중학교를 다니는 시절 '노스페이스' 브랜드가 한창 유행이었다. 그때 '노스페이스'는 흔히 잘나가고 노는 학생들이 입고 다니는 브랜드였다. 학교 교실은 마치 브랜드 매장의 모습을 방불케 했다. 바람막이, 패딩, 가방 등 '노스페이스'의 다양한 의류를 볼 수 있었다. 빨간색, 노란색, 파란색, 남색 등 파워레인저같이 알록달록한 색으로 교실이 채워져 있었다.

'노스페이스' 패딩은 한 벌이 약 30만 원이었다. 그 당시의 나는 패딩 가격을 듣고 눈이 휘둥그레졌다. 우리 집에서는 옷 한 벌에 30만 원은 너무 큰돈이었다. 가격을 알고 나서부터였을까? 나는 브랜드가 없는 몇 만 원짜리 내 패딩이 초라해 보였다. 내 노브랜드 초록색 패딩이 창피해서 입고 다니기가 싫었다. 영하로 떨어지는 한겨울이 되면 부모님은 내게 말했다. "오늘 날씨 추워. 패딩 입고 가."라고. 그때마다 "별로 안 추워. 괜찮아. 교복의 간지는 마이야."라는 헛소리를 하고 집을 나왔다. 그렇게 칼바람을 맞으며 겨울을 보냈었다.

하지만 이때 나와 같은 감정을 느꼈던 학생들이 적지 않았던 것 같다.

그에 따라 '노스페이스' 브랜드 제품의 가격이나 색상에 따라 학생들 사이에 신분이 나뉘기 시작하는 등의 부작용으로 나타났다. 많은 중고등학생들이 자신의 부모님에게 이러한 말을 했다고 한다.

"다른 애들 다 비싼 패딩 입고 다니는데, 왜 나만 없냐고. 나는 싸구려잖아! 나도 비싼 패딩 사줘!"

최저 20만 원에서부터 많으면 100만 원을 넘는 고가 제품 '노스페이스'는 등골 빼먹는 대표 주자로 자리매김을 하며 '등골 브레이커'라는 별명까지 생겼다. 또한 "North Face가 곧 No Space라."라는 우습게 소리도 생겨났다. '노스페이스' 패딩이 없으면 설 자리가 없다라고 비꼬기도 하였다. 이런 사회적 모습에 풍자 사진이나 영상, 만화가 쏟아져 나왔다. 대표적인 예시로 네이버 웹툰 기안84의 〈패션왕〉을 들 수 있다.

고등학교를 졸업하고 성인이 되어 아르바이트를 2~3개를 할 때도 종종 나는 나에게 부끄러움을 느꼈다. 〈무엇이든 물어보살〉에서 스물다섯 살에 쓰리잡으로 1억 원을 모은 사연자가 나온다. 그녀는 서장훈과 이수근에게 말한다.

"본업과 알바 2개를 병행해서 쓰리잡을 뛰고 있어요. 최근에 잘 버티

다가 현타가 온 것 같아요. 저는 나름대로 열심히 살고 있는데 주변 사람들이 너무 미련하게 바라봐서 핀잔을 주시더라고요. 너무 돈밖에 모른다고."

사연자처럼 누군가에게 핀잔을 먹었던 것은 아니지만 다른 사람이 아르바이트만 하는 나를 미련하게 바라볼까 괜스레 기가 죽었다. 부모님에게 경제적으로 부담을 주고 싶지 않아서 내가 사용할 돈은 내가 버는 것이었지만 남들보다 곱절로 일하는 내 모습이 왠지 아등바등 사는 것처럼 느껴졌다. 그래서 나는 남들에게 일을 여러 개 병행하는 걸 숨기고는 했다.

지금 생각해보면 전혀 초라함, 창피함을 느낄 필요가 없는 상황들이다. 당신도 혹시 나와 같은 상황을 겪어본 적이 있는가? 우리는 왜 별것도 아닌 일에 부끄러움을 느끼는 것일까? 사람은 내가 남들보다 가지지 못했다는 사실을 깨닫게 되면 흔히 초라함, 모자람이라는 감정을 느낀다. 외모, 재능, 학력 등 많은 요소들 중에서 특히 돈은 더 많은 열등감을 느끼게 한다.

돈을 잘 벌고 성공한 사람들을 보며 많은 사람들은 '열심히 사는', '능력 좋은'과 같은 수식어를 떠올린다. 반대로 하루하루 먹고살기 힘들며 가난한 사람들에게는 '게으른', '능력이 없는'이라는 수식어가 떠올려지기 쉽다. 그래서 많은 사람들은 가난함을 창피해한다. 돈이 없어 보이지 않기 위해 안간힘을 쓴다.

그렇다면 돈이 없다면 끊임없이 창피해 해야 할까? 자신의 경제적 상황을 숨기려 애써야 할까? 앞으로도 자신보다 돈 많은 사람과 자신을 비교하며 열등감을 느껴야 할까?

분명히 돈은 인생을 살아갈 때 중요한 가치다. 돈이 많다고 행복하고 잘사는 삶은 아니지만 돈이 없다면 100퍼센트 불행하다. 나는 돈이 최고다. 가난은 부끄러운 것이라는 말을 하려는 것이 아니다. 반대로 가난하고 능력이 없고 게으른 것은 창피하거나 죄가 아니니 떳떳하자라는 말을 하고 싶은 것도 아니다. 내가 하고자 하는 말은 자신의 삶에 최선을 다하고 있다면 경제적으로 안정적이지 않더라도 굳이 부끄러움을 느낄 필요는 없다는 것이다.

가난하게 태어나서 돈이 없는 것은 죄가 아니다. 가난하게 태어났다면 경제적으로 안정을 이루는 데 시간이 걸릴 수밖에 없다. 그 과정 속에 있다면 열심히 돈을 버는 상황이라면 지금 당장 바지 주머니에 돈이 없는 것을 창피해하지 않아도 되지 않을까.

하루에도 수십 가지의 기사들이 올라온다. 금수저라는 이유로 범죄를 저지르고 집행유예를 받는 부자들, 불안한 사람의 심리를 이용해 많은 돈을 벌어들이는 사람들, 자신의 성을 팔아 돈을 버는 사람들. 다른 사람을 피해 입히고 상처를 주고 돈을 버는 사람들이 너무 많다. 불합리한 방법으로 돈을 벌어 부를 이룬 사람은 당당하고 정직하고 차근차근 돈을 모으고 있는 사람들은 초라함을 느껴야 하는 세상이라면 너무 비참하지 않을까.

〈유 퀴즈 온 더 블럭〉이라는 예능 프로그램에 '성과 문화'를 가르치시는 세종대 교수님이 출연한 적이 있었다. 그날 조세호는 자신의 사랑에 대해 고민을 털어놓았다. "20대에 사랑을 하고 싶어서 열심히 일을 했어요. 제가 열심히 일해서 돈을 벌어야 누군가가 나타나면 좋은 걸 해줄 수 있지 않을까. 그래서 열심히 하고 또 열심히 하고 또 열심히 하다 보니까 지금의 나이에 온 것 같아요." 고민을 들은 세종대 교수님은 대답했다.

"세호 씨가 한 고민이 요즘 학생들이 흔히 하는 고민인 것 같아요. 사람을 만날 때는 뭔가 좀 갖춰져야 한다고 생각을 하는 것 같아요. 지금 당장은 정말 비싼 걸 안 사주면 어때요. 차를 못 가지고 나가면 어때요."

20대, 30대는 앞으로 무언가를 하면서 먹고살아야 할지 나에게 어떠한 일이 맞을지 많은 고민을 하고 시행착오를 겪는 시기이다. 다시 말해 자신에게 맞는 자리를 찾는 과정을 보내는 시기이다. 나는 당신이 지금 당장의 통장 잔고를 보고 자격지심을 느끼지 않기를 바란다. 당신의 삶에 최선을 다하고 있다면 앞으로 자신의 삶에 어떠한 성과를 보여줄 수 있는 하루를 보내고 있다면 당신의 삶에 자부심을 가지기를 바란다. 당신의 삶에 자긍심을 느끼기를 바란다.

02

당당한 자세, 돈이 들지 않는다

"고개를 당당히 들고 기죽지 마라. 항상 좋은 자세를 유지하라."

– 단테 비쳇 주니어

"어깨가 너무 말려 있네요. 라운드 숄더가 좀 심각한데요."

과거 헬스장을 처음 간 날, 내 체형을 보고 트레이너 선생님이 한 말이다. 나는 항상 웅크리고 다니는 버릇이 있었다. 내가 자세가 좋지 않았던 이유는 무엇일까? 구부정한 자세가 편해서? 자세를 신경 쓰지 못해서? 자세의 중요성을 알지 못해서? 이러한 이유도 아예 없다고는 말할 수 없겠다. 하지만 그 당시 내가 웅크리고 다니던 결정적인 이유는 체중이 많이 나가는 내 모습에 창피함을 느꼈기 때문이다. 그때의 나는 항상 의기 소침하였으며 자신감이 없었다.

당신은 몸과 마음의 연관성을 알고 있는가? 몸과 마음은 조화를 이루 려는 경향이 있다. 우울하거나 불안한 감정이 몸에 깃들 때 우리의 자세 는 스스로를 방어하고자 웅크리는 자세를 취하게 된다. 어깨를 움츠리거 나 고개를 숙인다. 또는 팔짱을 끼거나 등을 굽히며 손을 만지작거리기 도 한다. 감정에 따라 자연스레 이런 방어적 자세를 취하게 된 것이다.

우리가 생각하는 것보다 몸과 마음이 더 긴밀하게 연결되어 있다. 그 렇다면 감정의 상태에 따라 바뀐 몸 상태를 변화시킬 수 없을까? 자신감 이 없다면 우울하다면 불안하다면 우리는 항상 구부정하고 움츠린 상태 로 일상을 보내야 하는 것일까? 그렇지 않다. 감정이 우리의 몸의 영향 을 준 것처럼 반대로 우리의 몸의 자세를 바꾸는 것으로 감정에 영향을 미칠 수 있다. 세계에서 가장 유명한 연설가 토니 로빈스는 말한다.

"감정 상태를 바꾸는 것은 생각만으로 되는 게 아닙니다. '나는 행복하 다'를 반복한다고 해결되지 않아요. 당신의 뇌가 거짓말이라는 것을 이미 눈치채고 있으니까요. 그렇기에 우리는 근본적인 변화가 필요로 합니다. 몸을 이용해 새로운 감정 상태에 접어들게끔 이끌어야 합니다."

당신에게는 지금 몸을 이용해서 새로운 감정 상태를 접하게 된다는 말이 굉장히 터무니없게 들릴 수도 있겠다. "뭐라는 거야?"와 같은 의문이 들 수도 있다.

하지만 우리의 자세는 우리의 마음을 변화시키고, 우리의 마음은 우리의 행동을 변화시키며, 우리의 행동은 우리가 만들어내는 결과를 변화시킨다는 것은 과학적으로 증명된 사실이다.

하버드 경영 대학원의 교수이자 세계적인 사회심리학자 에이미 커디는 오랫동안 자세가 어떻게 마음에 영향을 주는지 알아보기 위하여 다양한 실험을 하였다. 그녀의 '사람의 몸이 마음과 행동에 미치는 영향'을 주제로 한 TED 강연은 지금까지 누적 조회 수 6,000만 뷰에 달하며 TED 역사상 두 번째로 많은 사람들이 본 강연으로 기록되어 있다. 처음 강연장에 들어와 그녀는 말한다.

"여러분들에게 공짜로 삶의 지혜 하나를 알려드리며 시작하겠습니다. 여러분이 해야 할 일은 2분 동안 자세를 바꾸시면 돼요. 여러분이 자세를 조금만 조정한다면 훨씬 더 나은 인생이 펼쳐질 수 있습니다."

그녀는 자신이 한 실험을 소개하였다. 실험 참여자를 대상으로 한 그룹은 2분 동안 힘이 약한 사람처럼 보이는 저자세(고개 숙이기, 어깨 움츠리기, 몸 웅크리기 등)을 취하게 한다. 다른 그룹은 2분 동안 힘이 센 사람처럼 보이는 고자세(고개 쳐들기, 어깨 펴기, 기지개 펴기 등)를 취하게 한다. 이런 자세의 변화를 측정하기 위해 2분간 자세를 취하기 전과 취한 후에 침을 채취하였다.

침을 비교해보니 약한 사람처럼 보이는 저자세를 취한 사람들은 지배적인 작용을 하는 테스토스테론 호르몬이 10퍼센트 정도 감소하였고, 스트레스 코르티솔 호르몬이 15퍼센트 정도 증가하였다. 반면에 힘이 센 사람처럼 보이는 고자세를 취한 사람들은 테스토스테론 호르몬이 20퍼센트 증가하였으며, 코르티솔 호르몬이 25퍼센트 정도 감소하였다.

더 나아가 고자세를 취한 사람들은 두려움에 사로잡혀 하지 않던 새로운 행동을 할 가능성이 33% 증가하였다. 테스토스테론의 분비가 촉진되어 넘치는 자신감으로 위험에 도전하는 확률이 늘어난 것이다. 2분 동안 어떤 자세를 취했느냐에 따라 감정의 변화를 넘어 호르몬의 변화가 일어난 것이다. 에이미 커디가 말한 성공을 부르는 열 가지 신체 습관을 소개하겠다.

① 허리에 손을 얹고 당당하게 서라

② 양손으로 몸을 감싸 안는 건 금물이다

③ 아무도 없을 때 책상에 다리를 올려보라

④ 어깨를 웅크린 채 다리를 모으고 앉는 건 금물이다

⑤ 양손으로 책상을 짚고 허리를 쫙 펴라

⑥ 한 손은 팔을, 한 손은 뒷목을 만지는 건 금물이다

⑦ 의자에 앉아 팔을 옆자리에 올려보라

⑧ 두 팔을 책상에 얹고 의자 끝에 앉는 건 금물이다

⑨ 한쪽 다리를 올리고 앉아 손을 머리 뒤로 해보라

⑩ 팔짱 낀 채 구부정하게 앉는 건 금물이다

자세의 변화는 감정과 더 나아가 호르몬에 변화를 야기시킨다. 우울과 불안의 감정이 엄습해 당신의 몸이 움츠러든다면 당신은 의도적으로 양손을 허리에 올려라. 마치 원더우먼이나 슈퍼맨처럼. 그렇게 선 상태에서 심호흡을 하라. 단 2분만으로 굉장한 효과를 볼 수 있다. 만약 당신이 앉아 있다면 머리에 깍지를 끼고 다리를 올려놓은 행동도 같은 효과를 일으킬 수 있다. 이와 같은 몸의 자세는 당신에게 확신과 자신감을 줄 것이다.

그렇다면 당신은 또 반문을 할 수 있겠다. 자신감이 있는 게 아니라 척하는 건데 단순한 속임수에 지나지 않냐고. 맞다. 속임수라고 표현할 수

있다. 하지만 속임수를 쓰는 것처럼 계속하다 보면 그렇게 될 것이다. 한 번만 속이는 게 아니라 완전히 그렇게 될 때까지 속이면 된다. 스스로를 계속 속이다 보면 정말 그렇게 되고 그걸 내재화하게 되어 있다. 에이미 커디 역시 말한다.

"내가 있는 자리에 어울리는 사람이 될 때까지 그런 '척'을 하세요. 언젠가 그렇게 되어 있을 겁니다."

몸과 마음은 서로 밀접하게 연결되어 있다. 불안하고 자신감이 없어 본인도 모르게 몸을 웅크리고 있지 않은가? 그렇다면 고개를 들고 정면을 응시하라. 등과 어깨를 펴라. 손톱을 만지작거렸다면 당장 그 마주 잡은 손을 풀어라. 당당한 자세를 취하는 것이 비용을 지불해야 하는 일도 아니지 않는가! 당당한 자세를 취하는 것은 돈이 들지 않는다. 당신은 당신의 자세를 변화시킴으로써 새로운 감정 상태를 이끌어낼 수 있다. 감정이 몸에 영향을 주듯이 자세 역시 감정에 영향을 미친다. 기억하라. 아주 최소한의 노력, 자세를 변화시키는 것으로 당신은 강력한 힘을 발휘할 수 있다.

내 인생의 주체는 바로 나 자신이다

"당신이 어떤 삶을 산다 해도 당신 자신에 대해서 알지 못한다면 결코 인생의 어떤 달콤함도 맛보지 못할 것이다. 사람은 스스로를 이해하지 못할 때 최악이 된다."

— 이소룡

인생을 주체적으로 산다는 것은 무엇일까? 자신의 인생을 주인공으로 살아간다는 것은 어떠한 삶일까? 나는 이 질문에 내가 재미있게 보았던 영화 〈세 얼간이〉의 란초가 떠올랐다. 〈세 얼간이〉는 발리우드의 불후의 걸작이라고 평가받고 있다. 이 영화는 인도 최고의 명문 대학 ICE을 다녔던 파르한과 라주가 대학 시절 삶의 진정한 의미를 깨워준 란초라는 친구를 찾아다니는 이야기이다.

〈세 얼간이〉는 인도 영화지만 마치 우리나라를 보는 것 같았다. 인도의 사회적 관습은 "인생은 경주다.", " 빨리 달리지 않으면 짓밟힐 것이다."라는 말로 경쟁 위주의 교육을 지향한다. 부모는 하나같이 자신의 자식들을 좋은 대학에 들어가게 하고 좋은 직장에 보내려고 애쓴다. 좋은 대학과 좋은 직장이 나쁘다는 것은 아니다. 부모라면 당연히 자신의 자녀가 더 좋은 것들을 보고 누리기를 바란다. 하지만 그들은 자신들이 정한 틀에 자신의 자식을 구겨 넣는다. 그들은 자신의 자식들이 원하는 관심사와 꿈에 대해 큰 의미를 부여하지 않는다.

사진작가가 되고 싶지만 부모님이 정해준 삶을 사는 파르한, 가난한 집의 부담감을 짊어지고 사는 힌두교 신자 라주, 그리고 어쩐지 제멋대로인 괴짜형 천재 란초. 란초는 파르한과 라주와는 다르게 사회적 관습이나 경쟁 위주의 교육 자체에 대해 부정하며 자신이 좋아하는 것을 하는 인물이다.

파르한은 야생동물 사진사를 꿈꾼다. 하지만 그의 아버지는 파르한이 태어나기 전부터 자신의 아들이 엔지니어가 되기를 원한다. 파르한은 결국 아버지의 뜻대로 원하는 사진을 멀리하고 좋아하지도 않는 공부를 하게 된다. 꿈의 동경을 버리지 못한 파르한은 자신의 가방에 존경하는 사진작가에게 보낼 편지를 매일 품고 다닌다. 그런 파르한의 소망을 알고 있는 란초는 파르한 몰래 편지를 사진작가에게 발송한다. 사진작가로부터 파르한에게 우호적인 답장이 왔지만 아버지가 반대할까 겁을 먹은 파르한. 그때 란초는 그에게 조언한다.

"가서 말씀드려, 너의 진심을. 한 번만 두려움을 떨쳐봐. 안 그러면 넌 앞으로 남은 평생 말하지 않은 걸 후회할 테니까 용기만 있으면 네 인생을 바꿀 수 있어."

라주는 세 친구들 중에서 가장 가난한 집에서 태어났다. 아버지는 오래된 지병을 앓고 있으며 그런 상황에서 라주의 누나는 시집을 가야 한다. 성공해서 가정을 일으켜야 한다는 강한 집념에 사로잡혀 있는 라주는 온갖 부적을 소지하고 다니며 모든 손가락에는 반지를 끼고 다닌다.

집안의 부담감과 자신의 노력을 믿지 못하여 신에게 의존하게 되었다는 라주에게 란초는 말한다.

"겁쟁이라서 그래. 미래가 두려운 거야. 미래가 그리 두려운데 현재를 어떻게 즐기겠어?"

란초는 자신에게 난처한 일이 닥칠 때마다 항상 가슴에 손을 얹고 외친다. '알이즈웰'이라고. 알이즈웰은 'All is well'로, 영어를 인도식으로 표현한 것이다. 모든 것이 잘된다는 의미를 가진다. 란초의 친구 파르한은 묻는다. 왜 그러한 말을 하느냐고. 그때 란초의 대답이 인상 깊다.

"난 깨달았어. 사람의 마음은 쉽게 겁을 먹는다는 걸. 그래서 속여줄 필요가 있어. 큰 문제에 부딪치면 가슴에 손을 얹고 얘기하는 거야. 알이즈웰, 알이즈웰(All is well)"

이 대사로만 감동을 얻는다면 단순한 낙관론자에 지나지 않는다. 란초의 대답에 파르한은 다시 반문한다. "그러면 문제가 해결돼?" 이 말에 "아니, 하지만 맞서 싸울 용기를 얻지."라고 말하는 란초의 대답을 통해 나는 인생을 주체적으로 산다는 것은 〈세 얼간이〉의 란초 같은 삶이구나를 느꼈다. 주인공 란초는 다른 사람들의 말이나 생각, 감정 같은 외적 동기에 의해 사는 삶이 아닌 자신이 원하는 내면의 신호에 집중하여 살아간다. 그는 누군가의 방해와 장애물에 굴복하지 않는 삶을 산다. 그는 불안과 맞서 자신이 원하는 것을 이루어내는 삶을 산다.

당신은 당신의 삶의 주인공으로 살아가고 있는가? 그렇지 않다면 만약 당신이 누군가가 정해준 대로 사는 삶이라면 그 삶은 마리오네트와 같다. 그렇다면 당신을 조종하던 줄이 끊어진다면? 그제서야 당신은 스스로가 뭘 좋아하는지 뭘 잘하는지에 대해 고민에 빠진다. 하지만 그 질문에 답이 잘 나오지 않는다. 누군가에 의해 살았기 때문이다. 자신이 좋아하는 취향을 모른다. 자신이 잘하는 것이 무엇인지 잘 모른다. 내가 나다운 게 뭔지 모른다. "나답게 사는 게 어떤 건가요?"라는 질문을 강신주 철학자에게 물었다. 그는 답한다.

"나답게 살려면 용기가 필요해요. 나답게 못 산다는 건 남이 원하는 대로 사는 거죠. 남이 원하는 대로 왜 사냐면 그래야 편하거든. 그러다 죽을 때 안다고요. '어? 이거 헛살았다. 평생 나답게 한 번 못 살고 남이 원하는 대로만 살다 가는구나.'라고. 영화로 비유하면 남들이 감독인 거예요. 나는 배우에 불과하고."

많은 사람들이 나답게 살지 않는 이유는 무엇일까? 왜 남의 이야기에 이끌려가는 것일까? 선택에는 책임이 따른다. 또한, 선택에는 결과가 따라온다. 본인이 내린 선택의 결과는 온전히 본인이 짊어져야 한다.

하지만 그 선택을 남이 내려주었다면? 나쁜 결과가 나왔을 때 책임을 남에게 덜 수 있는 기회가 생긴다. 남이 나의 선택에 참여하면 잘못된 결과에 후회, 죄책감, 아픔이 덜하다는 이야기이다. 하지만 이러한 책임 회피가 반복될수록 좋지 않은 결과에 감정적으로 무뎌진다. 내 선택이 아니니까. 남의 말을 들은 거니까. 스스로를 합리화한다. 나는 당신에게 묻고 싶다. 당신이 원하는 삶이 진정 이러한 삶인가? 윤홍균의 『자존감 수업』에서 저자는 말한다.

"스스로 결정하는 일이 거의 없거나 큰 의미 없는 결정이라면 자존감은 약해질 수밖에 없다. 자기 인생에서 자기 존재감이 느껴지지 않으니, 자존의 바탕이 사라지는 셈이다. 이런 사람이 자존감을 끌어올리려면, 스스로 결정하고 그 결정을 존중하는 법을 훈련해야 한다."

나는 당신이 당신의 삶의 주인공이 되길 바란다. 주인공이란 사건의 중심이 되는 인물을 말한다. 모든 이야기의 주인공은 수많은 사건을 겪으며 고통받고 울고 웃는다. 명작으로 유명한 작품일수록 주인공은 다사다난한 사건을 겪는다. 지금 당장 불안하다고, 힘들다고 당신의 삶의 주도권을 타인에게 넘겨주지 말아라. 타인에 의해, 타인으로부터, 타인을 위한 삶을 살아가지 말아라.

나답게 산다는 것이, 삶의 주인공이 된다는 것이 누군가를 이기거나 누군가를 진두지휘하라는 말이 아니다. 남의 간섭을 받지 않으며 당신 모습 그대로 살아가라는 것이다. 안젤로 파트리는 말한다. "자신의 몸과 마음이 다른 사람 혹은 다른 존재가 되기를 바라는 것보다 비참한 일은 없다." 당신의 모습이 소심하면 소심한 대로, 내성적이면 내성적인 대로, 부끄러움쟁이면 부끄러움쟁이인 채로 당신 모습 그대로를 사랑하며 그 캐릭터로 당신의 삶을 쟁취하라.

나는 당신이 좋아하는 것을 원하는 것을 하는 삶을 살기를 바란다. 다른 사람에게 피해주지 않고, 타인의 인생에 간섭하고 방해하지 않는다면 당신은 당신이 원하는 모든 일을 해도 괜찮다. 기억하라. 자신의 삶에 주도권이 스스로에게 없다면 그런 삶을 사는 것보다 더 불행한 삶은 없다.

04

타인에게 눈치 보지 마라

"다른 사람들의 생각에 너무 신경 쓴다면 당신은 그들의 노예가 될 것이다."

– 노자

올해 9월, 넷플릭스 드라마에서 방영된 〈오징어 게임〉은 전 세계를 뜨겁게 달궜다. 〈오징어 게임〉은 감당할 수 없는 빚을 지고 삶의 벼랑 끝에 서 있는 사람들이 456억 원의 상금이 걸린 의문의 서바이벌에 참가하여 벌어지는 에피소드를 그린 드라마이다. 게임에 참가한 사람들은 최후의 승자가 되기 위해 목숨을 걸고 극한의 게임에 도전한다. 다양한 게임들로 참가자의 수를 줄여나갔다. '딱지치기', '달고나 게임', '줄다리기' 등 그때 내가 가장 인상 깊게 본 편은 '징검다리 건너기'였다.

징검다리 건너기는 게임에 앞서 참가자들이 자신의 플레이 순서를 정한다. 앞 순서가 좋을지 뒷 순서가 좋을지 확실하지 않은 상황에서 빠르게 중간 순서가 사라진다. 주인공 기훈은 먼저 참가를 해야 좋을지, 나중에 참가를 하는 게 좋은지 내적 갈등 끝에 첫 번째로 게임에 참가하기로 마음을 먹는다. 그때 다른 참가자가 기훈에게 말을 건다.

"저기요, 제가 1번 하면 안 될까요? 제가 평생 뒤에 숨어서 남 눈치만 보고 살았어요. 평생 한 번도 제 인생을 주인공처럼 살아본 적이 없어요. '안 그래야지' 하다가도 항상 겁이 나서 오늘도 결국 남들 눈치만 보다가 또 끝에 남았어요. 태어나서 딱 한 번만이라도 제대로 살아 보고 싶습니다. 제일 앞에서 당당하게…. 부탁합니다."

당신은 기훈에게 말을 걸었던 참가자처럼 다른 사람의 시선을 과하게 의식하고 있지는 않은가? 내 생각과 감정을 억누르고 상대의 기준이나 입맛에 맞춰 주려고 노력하고 있지는 않은가?

사실 눈치는 인간에게 없어서는 안 될 중요한 능력이다. 사람은 혼자서 살아갈 수 없다. 삶이란 무수히 많은 타인과 나라는 존재가 사회라는 공간에서 함께 살아가는 과정이다. 그 과정 속에서 다른 사람이 무엇을 원하는지, 어떤 생각을 하는지 미루어 예측한다면 주변 상황에 맞춰 적절한 행동을 하기가 쉬워진다. 즉 눈치가 있기 때문에 상황에 따라 유연한 대처를 할 수 있는 것이다.

하지만 대다수는 '필요 이상'으로 타인의 시선을 신경 쓰고 있다. 타인의 시선을 의식하면 할수록 얻은 것보다 잃는 것이 더 많다. 과거에서부터 내려오던 우리나라의 대표적인 특성, 집단주의 문화와 유교의 사상은 남의 시선을 더욱 의식하게 만들었다. 실제로 개인주의 성향이 강한 서구권에서는 '눈치'의 개념을 정확히 담아줄 단어가 없다고 한다.

인간이 남의 시선을 의식하는 것에 관하여 미국 코넬대학교에서 하나의 실험을 하였다. 먼저 피실험자에게 입고 다니기 부끄러운 티를 입힌다. 그 이후에 4~6명의 피실험자의 또래 대학생들이 있는 방으로 들어갔다가 나오게 한 뒤, 과연 몇 명이 피실험자의 옷을 부끄럽게 인지했는지를 피실험자에게 추측하도록 하게 하는 것이었다. 여러 명에게 이러한 실험을 반복하였다. 학교 측에서 당사자들에게 물어본 결과 그들은 말했다.

"방에 있던 대학생들 중 절반은 제 옷이 이상하다는 것을 알아차렸을 것 같아요."

하지만 실제로 그 옷을 알아챈 대학생들은 고작 23%였다. 이후 이와 비슷한 실험에서도 마찬가지로, 절반 이상의 피실험자들이 자신의 옷을 알아차린 것 같다고 예상했지만, 실제로는 3분의 1 수준의 학생들만이 피실험자의 옷을 알아차렸다. 이 실험 결과로 우리는 인간이 남이 나를 어떻게 바라볼지에 대해 실제보다 과대해석이 들어간다는 것을 알 수 있다.

다른 사람들이 자신의 외모와 행동에 대해서 실제로 자신이 생각하는 것보다 더 많은 관심과 주의를 기울일 것이라고 생각하는 것을 '조명 효과'라고 한다. 다시 말해 조명 효과는 자신을 무대 위의 스포트라이트를 받은 배우나 연예인같이 느끼는 것이다. 그래서 자신에게 많은 사람들의 시선이 집중될 것이라고 여기는 것이다.

하지만 실제로 이러한 생각은 자신의 뇌가 만들어낸 과장된 걱정이며, 실제로 다른 사람들은 나를 볼 때 내 생각만큼 나에게 관심을 많이 갖지 않는다는 것이 사회 실험을 통해 드러났다.

또한 우리 인간은 자신이 생각하는 것을 남도 똑같이 생각할 것이라고 여기는 '허위 합의 효과'를 자주 나타낸다. 허위 합의 효과는 자신의 의견을 일반적으로 통용되는 사회 가치로 간주하고, 남들도 내 의견과 같을 것이라고 추측하는 오류이다. 그래서 실제로 나를 주목하는 사람들보다 더 많은 사람이 나에게 관심을 가질 거라 오해하며 실제로 그 사람들이 나를 평가하는 것보다 더 부정적으로 나를 평가할 것이라고 착각한다.

집 밖을 나갈 때 잘 갖춰 입지 않고, 화장도 하지 않고 나온다고 상상해 보자. 왠지 창피하게 느껴지며 아는 사람을 마주칠까 두렵기까지 하다. 그렇다면 다른 사람들도 당신을 그렇게 볼까? 실제 대중들은 당신이 생각하거나 느끼는 만큼 당신을 의식하지 않는다. 우리의 뇌는 자신과 직접적으로 관련된 것에만 민감하게 반응한다. 그렇다면 어떻게 해야 이런 시선 의식에서 조금이나마 자유로워질 수 있을까?

법륜 스님의 강연에서 한 학생이 스님께 질문하였다. "저는 주변 사람들의 시선이나 생각들에 신경을 많이 써서 고민입니다. 다른 사람들의 시선이나 생각에 신경이 쓰여서 원하는 행동을 못 하는 경우도 많고 누군가의 지목으로 저한테 시선이 몰리면 대답을 횡설수설하게 됩니다. 이럴 때는 어떻게 해야 할지 조언을 듣고 싶습니다." 스님은 학생의 질문을 성심성의껏 듣고 말문을 열었다.

"누구나 다 남을 의식해요. 남의 시선을 신경 쓰는 건 나쁜 게 아니에요. 그건 예의예요. 하지만 학생처럼 다른 사람의 시선을 과하게 의식하면 문제가 됩니다. 근데 '나 좀 잘 봐주세요!'라고 세상 사람들에게 외치면 날 잘 봐주나요? 반대로 '나 좀 못 봐주세요!'라고 외치면 날 못 봐주나요? 그들은 내 말에 상관없이 그들의 시선으로 날 바라봐요. 내가 기본적인 예의만 갖추면 되지 상대의 시선을 너무 신경 쓸 필요가 없어요. 그건 내가 어찌해볼 수 있는 영역이 아니에요." 법륜 스님은 덧붙여서 말을 이어나갔다.

"사실은 아무도 남의 인생에 관심이 없어요. 다들 자기 인생 사느라 바쁘지. 눈에 띄는 행동을 하면 쳐다는 볼 수 있어요. 이야기가 나올 수도 있겠죠. 하지만 금방 잊힙니다. 요즘은 사는 게 힘들어서 사람들이 본인밖에 생각하지 않아요. 사람들은 당신에게 별 관심이 없어요. 다른 사람이 당신에게 문제를 제기하기 전까지는 당신이 하고 싶은 걸 하세요. 문제제기를 했다는 건 의식하고 관심이 있다는 거니까 그때는 남을 신경 쓰시고 그전까지는 세상 사람들은 나에게 아무 관심이 없다는 걸 잊지 마세요."

사회적 생물인 인간이 타인의 부정적 평가 혹은 비난에서 완전히 자유로울 수는 없다. 우리는 어느 정도 눈치를 챙겨야 할 필요는 있다. 누군가의 시선을 의식하는 일은 자연스러운 일이다.

"4번 놀고 있지. 4번은 팀워크가 없어. 4번은 개인주의야. 4번은 혼자 밖에 생각하지 않아."

이 말은 IBS 보트를 협조적으로 들어올리지 않는 훈련 번호 4번을 부여받은 훈련생에게 하는 말이었다. 이근은 한국에서 태어났지만 생후 1개월 만에 부모님과 함께 외국으로 나갔다. 이근이 미국으로 정식 이민하였을 때 그의 나이는 3살이었다고 한다. 나는 이근이 미국에서 오랫동안 자라 한국어로 개인주의와 이기주의의 차이를 모른다는 생각이 들었다.

당신은 개인주의와 이기주의의 차이를 아는가? 개인주의나 이기주의나 자기중심적인 사람을 뜻하는 말로 알고 있는가? 우리나라의 대부분의 사람들이 개인주의와 이기주의를 동의어로 바라본다. 하지만 개인주의와 이기주의는 엄연히 다르다. 그렇다면 개인주의와 이기주의의 차이는 무엇일까?

왜 많은 사람들은 개인주의와 이기주의를 혼용하여 사용할까? 그것은 개인주의의 '개인'의 단어에 초점을 맞추기 때문이다. 동양권 문화는 '나'와 '너' 대신 '우리'라는 말을 많이 사용한다. 그들에게 '우리'보다 '나'라는 개인을 말하는 개인주의자의 모습이 자기중심적으로 비친 것이다. 하지만 개인주의는 자기 혼자만을 생각하는 사람이 아니다. 자신과 타인을 포함한 모든 개인의 가치를 소중하게 여기는 사람들을 일컫는 말이다. 다시 말해 모든 개인의 권리와 자유를 존중하는 사고방식이다.

　이기주의는 자신의 이익을 무엇보다도 우선시한다. 자신의 이익을 위해 타인의 이익을 희생시킬 수도 있음을 정당화한다. 그들은 원인과 관계없이 무엇이든 자신에게 얼마나 이득이 되는지를 먼저 따진다. 모든 일을 자신에게 유리한 방향으로 이끌며, 자기 합리화를 한다.

　개념의 정의를 풀어놓기만 하면 잘 이해가 되지 않을 수 있겠다. 상황으로 예를 들어보자. 다세대 주택이나 아파트에 사는 사람은 층간 소음 문제를 종종 겪고는 한다. 이때 개인주의는 내가 당하기 싫은 일은 타인도 당하기 싫어한다는 생각을 가진다. 그러므로 층간 소음을 줄이기 위해 노력한다. 하지만 이기주의는 자신의 생활로 발생하는 불편함은 타인의 몫이지 자신의 몫이 아니다. 그러므로 층간 소음을 줄이려는 노력 자체를 하지 않는다. 층간 소음뿐만 아니라 새치기, 고성방가 등 자신의 이익만을 위해 타인에게 피해를 끼치는 모든 행동들은 이기주의라고 할 수 있다.

　정확하게 말하면 개인주의는 문화적 구분의 한 요인이고 이기주의는 성격의 유형이다. 두 개념은 비교 선상에 놓을 수 없는 말이다. 개인주의의 반대말은 집단주의이다.

우리나라 사람들은 집단주의 성향이 짙다. 역사적으로 봤을 때 유교의 영향권에 있던 동아시아 나라들이 집단주의적 가치관을 지닌다. '멸사봉공'과 '선공후사'라는 사자성어도 유교에서 유래되었다. 멸사봉공은 사욕을 버리고 공익을 위하여 힘쓴다는 뜻을 가진다. 선공후사는 공적인 일을 먼저 하고 사사로운 일은 뒤로 미룬다는 의미를 가진다.

또한 우리나라가 집단주의 가치관을 가지게 된 이유는 다수의 노동이 필요했던 농경 사회의 문화적 영향도 적지 않다. 구성원의 유대와 단합을 도모하고 소속감과 일체감을 추구하였다. 하물며 세시 풍속과 민속놀이 같은 놀이도 혼자가 아닌 여럿이서 모여 함께하는 놀이다.

그럼 한 가지 의문이 들 수도 있다. 소수인 개인의 자유보다 다수인 집단의 목표와 화합을 우선시하는 게 무엇이 문제냐고. 맞다. 나는 개인주의나 집단주의의 지나친 이분법을 강요하고 싶은 생각은 없다. 모든 사회는 개인주의적 관점과 집단주의적 관점이 적절하게 균형을 맞추며 유지되어야 한다. 하지만 나는 우리나라가 개인의 의견을 더 자유롭게 낼 수 있는 나라가 되어야 한다고 생각한다. 예를 들어보자. 직장에서 회식을 한다. 상사가 A의 메뉴를 시킨다면 너 나 할 것 없이 모두 A의 메뉴로 통일된다. 혼자 B의 메뉴를 말하는 순간 이상한 사람 취급을 받으며 눈치를 준다. 메뉴 선정이 아닌 조직의 다수 의견에 대해 반대 의견을 밝히면 '건방지다'는 말을 듣게 된다. 심지어 눈치 없고 사회성이 많이 떨어진다는 진단을 받기도 한다.

나 역시 이러한 취급을 당해본 적이 있었다. 회사를 다닐 때의 일이었다. 내가 다니는 회사는 스타트업이었다. 대표님은 굉장히 바쁘셨고 외근이 잦았다. 일이 많은 대표님은 야근을 자주 하셨고 그날도 어김없이 야근을 해야 하는 상황이었다. 나와 매니저님은 일을 마무리하고 퇴근 준비를 하였다. 그때 대표님이 나에게 툭 말을 내뱉으셨다.

"아니, 아직 다른 사람들이 퇴근을 안 했는데 막내가 뭐 벌써 집에 가요?"

야근 수당도 받지 않는 회사였다. 일을 마무리하였는데 그럼 나는 언제 집에 가라는 말이었을까? 하지만 이러한 상황은 개인보다 집단을 더 우선시하는 조직문화에서 흔히 볼 수 있는 상황이다. 집단주의를 마치 모태신앙으로 가진 사람들은 흔히 '꼰대'의 성향을 보인다. 그들의 말버릇은 대개 이렇다. "내가 해봐서 아는데 내 말이 맞아.", "나 때는 말이야

이렇게 했는데 요즘 애들은 요령이나 피우고 말이야." 시대가 변하지만 그들의 사고방식은 변하지 않는다. 재미있게 읽었던 문유석의 『개인주의자 선언』에서 저자는 말한다.

"집단 내에서의 서열, 타인과의 비교가 행복의 기준인 사회에서는 개인은 분수를 지킬 줄 아는 노예가 되어야 비로소 행복할 수 있고, 그렇지 않으면 영원히 사다리 위로 한 칸이라도 더 올라가려고 아등바등 매달려 있다가 때가 되면 무덤으로 떨어질 뿐이다. 행복의 주어가 잘못 쓰여 있는 사회의 비극이다."

나는 서로를 통제하며, 끊임없이 타인을 의식하도록 요구하는 집단주의를 지양한다. 타인의 시선으로 삶을 살아가서 무엇하겠는가. 오지랖, 자기 주관 없이 다른 사람들의 눈치만 살피는 태도, 지나친 유행 추종같이 안 좋은 관행이 사라지길 바란다. 타인의 삶은 타인의 것이다. 내 삶은 나의 것이다. 지나치게 관심을 두고 참견하지 않는다면 얼마나 좋을까?

간혹 개인주의자는 매정하다는 오해를 한다. 하지만 한 연구에 따르면 개인주의는 반사회적 행동에 가까울 거라는 통념과는 다르게 관대함, 사회적 협동과 연결되어 있다. 있는 그대로의 서로를 존중하기 때문이다.

오히려 중국처럼 집단주의적인 성격이 강한 나라에서 위험에 빠진 타인을 그대로 방치하는 경우가 심심찮게 나오고 있다. 아이러니하게도 집단주의가 되려 위험을 만들어 개인을 죽이는 일이 역사에는 비일비재했다. 이 부분은 개인의 성향보다는 오히려 그 사회가 얼마나 선진적이고, 사회 구성원의 시민 의식이 얼마나 높은가에 따라 좌지우지된다고 볼 수 있다.

나는 당신이 행복한 개인주의자가 되기를 바란다. 언제 어디서든 당당하게 남에게 "나는 개인주의자입니다."를 말할 수 있는 사람이 되기를 바란다. 남들의 눈치를 보며 하고 싶은 말을 속으로 삭히지 마라. 소신 발언을 할 수 있는 사람이 돼라. 당신의 삶은 당신이 만들어가는 것이다. 남에게 피해를 주지 않는다면 당신이 하고 싶은 모든 일을 해보길 바란다. 더 이상 집단의 이익을 위해 당신을 희생하지 말아라.

06

누군가에게 만만하게 보이지 마라

"상처받았다면 무심코라도 웃지 마라."

− 나이토 요시히토

당신은 평소 어떠한 대우를 받고 살아가고 있는가? 상대방이 당신을 함부로 대하며 무시를 하지는 않는가? 한 인간으로서 존중받지 못하지는 않는가? 다른 사람의 모욕적인 말을 수시로 듣고 있지는 않는가? 만약 다른 사람의 부당한 대우에 지속적으로 감정이 상하고 있다면 당신은 가장 먼저 당신의 행동을 되돌아봐야 한다.

"어떻게 대우하라고 가르친 그대로 대우받는 것이다."라는 말이 있다.

당신은 그들의 행동에 어떻게 행동하고 있는가? 당신을 무시하는 태도에 눈동자만 굴리고 있지는 않은가? 당신을 만만하게 보는 태도에 멋쩍게 웃고만 있지는 않은가? 당신을 존중하지 못하는 태도에 고개만 숙이고 있지는 않은가? 당신이 타인의 부당한 대우를 받는 이유는 당신이 상대방에게 당신을 그런 식으로 대우하도록 가르친 것일 수도 있다.

내가 고등학생 때의 이야기이다. 2학년 때, 반 친구 중에 높은 성적을 유지하는 Y라는 친구가 있었다. Y는 자신을 계몽주의자로 착각하고 있었다. 반 친구들에게 자신처럼 공부를 열심히 해야 한다고 설교하였다. 또한 독단적으로 반 친구들을 이끌려는 성향이 있었다. Y는 자신보다 성적이 낮은 친구들에게 항상 독설을 날렸다.

"야, 네가 그러니까 공부를 못하는 거야."
"니 성적에 야자를 빠지는 게 말이 되니? 정신차려."
"너 진짜 존X 한심해."

위의 말을 Y가 자신보다 낮은 성적을 가진 친구들에게 아무렇지 않게 하던 말이다. 하지만 Y는 자신보다 성적이 낮은 친구들 모두에게 독설을 하지는 않았다. Y는 일관성이 없었다. 소위 '착하다.'라고 불리는 친구들에게만 모욕적인 말을 일삼았다. 자신보다 타인을 더 먼저 배려하며 자신의 주장을 내세우지 않는 친구들에게만 독설을 하였다. 자신의 말을 듣고 표정을 굳히는 친구들이나 "뭐라고? 말이 좀 지나친 거 아니야?"라고 반문을 하는 친구들에게는 성적에 대해 어떠한 일언반구도 하지 않았다.

Y의 폭언을 자주 듣던 친구들에게는 같은 특징이 있었다. Y의 말에 엄청난 상처를 받지만 참기만 한다. Y의 말을 듣고 "허허."라고 실없이 웃기만 한다. Y의 모진 말을 그대로 수용하며 "틀린 말도 아닌데 뭐…."라고 말하며 풀이 죽는다.

혹시 당신도 타인의 부당한 대우에 Y의 폭언을 듣던 친구들 같이 행동하는가? 그렇다면 당신은 상대에게 나를 마음대로 취급하라고 가르친 것과 다름이 없다. 상대의 무례한 행동과 모욕적인 말에 어떠한 저항도 하지 않았다면 "나는 그런 대우를 받아도 괜찮은 사람이다."라는 메시지를 그들에게 보낸 것과 같다. '당신이 문제다.'라는 소리를 하려는 것이 아니다. 당신에게 부당한 대우를 하는 사람의 잘못이 크다. 하지만 당신 역시 당신을 그렇게 대해도 된다고 내버려둔 사실을 인정하라는 것이다.

당신이 이 사실을 인정하지 않겠다면 남들에게 부당한 대우를 받는 것이 그들의 탓이라고만 생각하겠다면 안타깝게도 당신은 어떠한 일에서

든 당하고만 있는 위치에 머물러 있을 수밖에 없다. 당신의 말과 행동은 아무런 상황도 바꾸지 못한다고 선언한 것이나 다름없기 때문이다. 그런 선언을 한다는 건 상상만으로도 끔찍하지 않은가?

그렇다면 당신은 어떠한 행동을 하는 것이 좋을까? 당신이 해야 할 행동은 간단하다. 당신을 만만하게 보는 상대방에게 더 이상 그러한 행동을 참지 않겠다는 의사 표현을 하는 것이다. 인간관계에서 인내가 항상 미덕이 되지는 않는다. 그들의 행동에 저항하지 않으면 언제든 어디서나 그들은 당신을 함부로 대할 것이다.

타인을 무시하고 부당한 대우를 하는 사람들은 '강약약강'이라는 기저 심리를 가지고 있다. 그들은 자신보다 강한 상대에게는 약하고 약한 상대에게는 강하다. 그들은 무례한 행동은 아무런 반응을 하지 않는 당신의 모습을 보고 이루어진다. 당신이 조용히 참기만 하거나 멋쩍게 웃어 넘긴다면 그들은 당신을 자신의 마음대로 다뤄도 된다는 착각에 빠진다. 반응하지 않고 넘어가면 넘어갈수록 그들에게 당신을 계속 그런 식으로 대우해도 된다고 말하는 꼴밖에는 되지 않는다.

최근 넷플릭스에서 〈DP〉라는 드라마를 방영하였다. 이 드라마는 탈영병을 추적, 체포하는 소재를 메인으로 군대 이야기를 다뤘다. 병역 부조리를 매우 사실적으로 재현했다는 점에서 몰입하기가 좋다는 평가를 받는다.

〈DP〉에서는 '황장수(이하 장수)'라는 인물이 나온다. 그는 전역이 얼마 남지 않은 병장으로 후임을 괴롭히는 게 취미다. 장수는 자신의 마음에 들지 않는 후임에게 구타와 욕설을 서슴지 않는다. 특히 '조석봉(이하 석봉)'이라는 인물에게는 막장이라는 말로는 표현이 부족한 가혹행위와 괴롭힘을 일삼는다. 석봉은 착하고 유순한 성격으로 선임들의 지속적인 폭행에 아무런 대항을 하지 않았다. 하지만 계속 그러한 가혹행위를 당하다 정서적으로 불안정해지며 서서히 망가져 간다. 그리고 자신을 이렇게 만든 장수에게 복수를 다짐한다. 탈영한 석봉은 전역한 장수를 찾아 납치해 구타한 후 자신에게 왜 그러한 행동을 했느냐고 물어본다. 이때 장수의 대사가 인상 깊다.

"그냥 그래도 되는 줄 알았어."

장수의 대답 "그냥 그래도 되는 줄 알았어."에서 깊은 생각에 빠졌다. 장수는 부대에서 무소불위와 같은 권력을 휘두르며 자신보다 계급이 낮은 후임들에게 폭행, 폭언을 일삼는 인물이다. 나는 장수의 행동을 옹호할 생각은 추호도 없다. 하지만 학대나 모멸에 어떠한 반응도 하지 않은 석봉의 행동이 장수의 행동에 더 박차를 가한 것은 아닐까? 부당한 대우를 받는 것에 대해 아무런 조치를 취하지 않은 석봉의 행동이 자신을 더 막다른 구석으로 몰아세운 것은 아닐까?

　누군가가 당신에게 반복적으로 부당한 대우를 한다면 당신은 그들에게 가르쳐주어야 한다. 당신은 그러한 취급을 당할 사람이 아니라는 사실을 알려주어야 한다. 페르난도 로자스가 한 말이 있다. "우리가 정말 알아야 할 것이 있다. 말은 아무짝에도 쓸모가 없다는 사실이다."

　상대방이 당신을 이미 만만한 사람으로 낙인을 찍었다면 온건한 대화로 그 관계는 달라지지 않는다. 당신이 상대방이 한 문제 행동을 대화로 해결하려고 해도 "아 미안 미안. 조심할게."라는 대답을 하며 그들은 예전과 동일하게 행동할 것이다.

　당신은 당신의 권리를 주장하기 위해 대담하게 행동하여야 한다. 누군가 당신을 만만하게 대한다면, 무시한다면, 괴롭힌다면 단호하고 강하게 반응하라. 단호하고 강하게 반응하라는 것이 퉁명스럽게 화를 내라는 것이 아니다. 부당한 취급을 당했을 때 불쾌한 감정을 드러내라는 것이다. "내가 왜 이런 취급을 받아야 하지? 생각하고 행동했으면 좋겠는데."라고 말을 할 수 있어야 한다고 말하는 것이다. 그들이 원하는 것은 무기력

한 당신의 모습이다. 그들에게 그들이 원하는 모습을 보이지 마라.

"지렁이도 밟으면 꿈틀한다."라는 옛 속담이 있다. 이 속담은 아무리 순하고 좋은 사람일지라도 너무 업신여기면 가만있지 않는다는 의미를 가진다. 누군가에게 결코 만만하게 보이지 마라. 당신이 타인에게 친절하고 배려심이 넘치는 행동을 하는 것은 좋다. 하지만 다른 사람이 당신의 그러한 성격을 호구처럼 보고 무시하려 든다면 그 사람에게만큼 좋은 모습을 내버려 둬라. 세상에는 강약약강을 생존 본능으로 취하고 살아가는 사람이 많다. 자신보다 약해 보이는 자의 우위에 서려는 사람들의 희생물이 되지 마라.

07

겸손과 자신감 없는 태도를 확실히 구분하라

"그렇게 겸손해 하지 마십시오. 당신은 그 정도로 대단하지 않으니까요."

– 골다 메이어(이스라엘 4대 총리)

어릴 때부터 우리는 부모님께 겸손을 교육받으며 자랐다. 부모님뿐만 아니라 학교 선생님께서도 "잘난 척하며 거들먹거리지 말아라. 겸손한 사람이 진정으로 멋있는 사람이란다."와 같은 말을 해주셨다. 또한 '통찰력 있는 리더'라는 모임을 이끄는 팀 챌리스 역시 "자만은 최악의 죄악이고, 겸손은 최고의 미덕이다."라고 말하였다. 이렇게 귀에 딱지가 앉을 정도로 많이 듣고 자란 '겸손'은 도대체 어떠한 태도를 말하는 것일까?

겸손은 다른 사람을 존중하고 자기 자신을 내세우지 않는 태도를 의미한다. 하지만 많은 사람들이 겸손을 잘못된 형태로 행하고 있다. 대개 사람들은 겸손을 가장한 자기 비하를 하고 있다. 겸손이라고 말하며 지나치게 자기 자신을 낮추어 말한다. 정신 차려라! 자기 자신을 내세우지 않는 태도는 자기를 비하하라는 말이 아니다.

작년 6월, 유튜브 채널 〈문명 특급〉에 가수 선미가 출연하였다. 선미는 신곡을 홍보하며 프로그램 진행자인 재재와 많은 이야기를 나누었다. 알고 보니 선미는 보이던 것보다 훨씬 재능이 출중한 가수였다. 그녀는 중학교 3학년, 열여섯 살 어린 나이에 데뷔하였다. 아이돌 그룹 '원더걸스' 서브 보컬로 시작하여 현재는 솔로 활동 및 보컬은 물론이고 자작곡을 앨범 타이틀곡으로 내보내는 수준까지 성장했다. 솔로 가수로서 완전히 성공했을 뿐만 아니라 앨범 단독 프로듀서까지 맡으며 완전한 음악적 독립까지 해냈다. 방탄소년단, 트와이스의 보컬 트레이너로 유명한 김성은은 선미를 칭찬하였다.

"요즘 기대하는 건 선미다. 무대 위에서 보여주는 건 음악에 맞춘 것이고, 본인이 가진 색깔은 어마어마하다. 내부에서 블라인드 테스트를 했을 때 선미가 쓴 곡이 여러 번 타이틀로 선정되기도 했다. 본인의 음악색을 찾아가는 단계인데, 그런 걸 보면 제가 수업 때 느낀 게 맞는구나 하는 생각이 든다."라고.

　재재 역시 인터뷰에서 선미의 칭찬을 아끼지 않았다. 재재는 선미에게 "선미 님이 작사 작곡하고 있는 거를 모르는 분들이 많을 거예요. 얼굴에 걸고 '나 작사가, 작곡가요!' 이거를 알리셔야죠. 자작곡으로 활동하시는 분들은 있지만 자작곡으로 히트를 쳐서 본인의 브랜드를 만드신 분들은 없죠. 대단하세요."라고 말했다. 하지만 선미는 고개를 떨구고 멋쩍게 웃으며 대답했다.

　"아유…. 아니에요."

　재재는 선미가 파리에 있는 디자이너와 서로 영감을 주고받으며 무대 의상을 기획했다는 이야기를 듣고 감탄하며 그녀를 칭찬하였다. "글로벌 하시다!" 선미는 다시 고개를 저으며 말했다.

　"아니에요. 아니에요."

　반복되는 "아니에요."라는 반응에 재재는 "사실인데 뭐가 자꾸 아니라고 그러세요."라고 답답해했다. 당신은 이러한 장면이 매우 익숙하다고 생각하지 않는가? 많은 사람들이 누군가에게 칭찬을 받으면 손사래를 치며 "아니다."라고 말한다.

이러한 장면을 흔히 볼 수 있다. A가 B의 외모를 칭찬한다. "B야, 너 진짜 피부도 좋고 예쁘게 생겼다."라고 말하면 B는 고개를 흔들며 "아니야. 나보다 예쁜 얼굴이 얼마나 많은데."라고 대답한다. A는 "아니야. 진짜 너 예쁘게 생겼다니까."라고 다시 칭찬한다. 그럼 B는 "진짜 아니야. 나 화장발이야."라고 멋쩍게 웃으며 대답한다.

이게 얼마나 재미있는 상황인가? 칭찬은 누군가가 나를 높이 평가해서 하는 말인데, 많은 사람들이 칭찬을 받으면 자신이 칭찬을 받을 자격이 없는 사람이라고 아우성친다. 남에게 계속 자신을 낮춰 말한다. 이러한 말버릇은 절대 겸손이 아니다. 하지만 나 역시 최근까지 이러한 버릇이 있었다. 누군가가 나에게 칭찬을 해주면 "아니."라고 말하며 나 스스로를 깎아내리고는 했다.

스타트업 회사를 다닐 때의 일이다. 나는 회사에서 디자인 업무를 진행하던 디자이너였다. 스타트업 특성상 인원이 많지 않아 한 개인에게 주어지는 업무의 양이 많았다. 그때 나는 택배 출고와 CS, 디자인 업무를 함께 병행하였다. 스타트업은 내가 처음 취직한 회사였다. 나는 내 메인 업무인 디자인을 잘하고 싶은 욕심이 컸다. 하지만 다양한 업무와 디자인을 함께 진행하니 항상 시간에 쫓겼다. 결국 퇴근 후 집에 가져가서 작업을 더 해가고, 주말에도 회사 일을 하곤 했다. 내 작업물을 보고 함께 근무하던 매니저님들께서 칭찬을 해주셨다. "루미님 작업한 패키지 디자인 진짜 마음에 들어요. 엄청 잘했는데요!"라고 웃으며 말했다. 나는 매니저님의 칭찬을 듣고 몸서리를 쳤던 걸로 기억한다.

"아니에요. 아직 많이 부족하죠."

매니저님은 나에게 "일도 많은데 진짜 빨리 작업하셨네요. 정말 잘했어요."라고 말했다. 나는 다시 손사래를 쳤다. "아니에요. 저 느려요. 저 회사 있을 때 다 못해서 집에 가져가서 해온 거예요!"라고 말하자 매니저님은 단호하게 말씀해주셨다.

"루미님 스스로가 보기에는 어떠실지 몰라도 제가 보기에는 결과물이 잘 나와서 잘했다고 하는 거예요. 빈말하는 거 아니에요. 루미님 본인 실력을 낮춰서 말씀하지 마세요. 이럴 때는 굳이 겸손하지 않으셔도 돼요!"

그때의 매니저님의 말은 나에게 큰 깨달음을 주었다. 칭찬을 순순히 받을 줄 아는 것도 필요하다는 사실을. 누군가가 나에게 칭찬을 한다면 "아니."라고 말하는 것보다는 "감사합니다."라고 말하는 것이 진정한 겸손이 아닐까?

생각해보자! 당신도 누군가의 외모나 능력에 칭찬을 한 적이 있을 것이다. 칭찬을 들은 상대방이 "아니."라고 계속 손사래를 친다면 당신은 어떤 생각이 드는가? 무안할 것이다. 더 나아가 당신의 칭찬에 상대방이 스스로를 깎아내리는 모습을 본다면 당신은 '왜 저렇게까지 말하지?'라고 생각하며 당황스러울 것이다. 심지어는 그 사람에 대한 칭찬은 말로 하지 말고 나 혼자 생각으로만 해야겠다고 다짐할 수 있다.

다른 사람의 칭찬에 "아니야. 난 그런 사람이 아니야."라고 말하는 것은 겸손이 아니다. 그것은 자기 자신을 낮추는 일에 불과하다. "과한 겸손은 곧 교만이다."라는 말이 있다. 기독교 관점에서는 7대 죄악인 교만에 반대되는 미덕이 겸손인 것을 생각하면 아이러니한 부분이다.

예를 들어 누가 봐도 평균 이상으로 노래를 잘 부르는 사람이 스스로를 흔한 일반인의 노래 실력이라 표현한다면 정말로 노래를 못 부르는 사람의 입장에서는 오히려 건방져 보일 수 있다. 실제로 "일반인 하기 힘드네요."라는 말을 하는 것을 보았다.

다른 사람의 칭찬에 "감사합니다.", "고마워."라고 말하는 것은 교만이 아니다. 잘난 척이 아니라는 말이다. 난 당신에게 다른 사람의 칭찬을 듣고 "맞아. 내가 좀 잘났어. 부럽지?"와 같은 말을 하라는 것이 아니다. 그냥 타인의 칭찬을 그대로 받아들일 줄 아는 사람이 되라고 말하는 것이다.

당신은 겸손한 사람인가? 그냥 자신감 없는 태도를 가진 사람인가? 지금까지 자기 자신을 지나치게 낮춰 말하고 있지는 않았는가? 나는 당신이 겸손과 자신감 없는 태도를 확실히 구분하기를 바란다. 나는 당신이 피부, 목소리, 이름, 패션과 같은 가벼운 칭찬부터 일이나 능력에 관한 칭찬에 대해서도 "감사합니다."라는 대답을 하는 사람이 되길 바란다. 타인의 칭찬에 겸손이 미덕이라고 자꾸 "아니에요."라고 대응하지 마라. 명심하라! 그 누구도 당신의 그런 대답에 '겸손한 친구네.'라고 생각하지 않는다.

08

자신의 책임을 회피하지 마라

"말이 쉬운 것은 결국은 그 말에 대한 책임을 생각하지 않기 때문이다."

— 맹자

당신은 당신의 행동에 책임을 지는 사람인가? 책임을 회피하는 사람인가? 행동에 책임을 진다는 것은 무엇일까? 책임의 사전적 의미는 '어떤 일에 관련되어 그 결과에 대하여 지는 의무나 부담'이라고 정의되어 있다. 나는 좀 더 나아가 행동에 책임을 진다는 것을 자신이 한 선택과 행동에 후회를 하지 않는 것이라고 말하고 싶다.

프랑스의 실존주의 철학가 장 폴 사르트르는 말한다. "인생은, B와 D

사이에 있는 C이다." B가 의미하는 Birth는 출생, 탄생을 의미한다. D는 Death, 죽음, 사망을 의미한다. C는 Choice, 선택을 의미한다. 다시 말해 사르트르의 "인생은, B와 D 사이에 있는 C이다."는 우리의 인생은 태어나서 죽는 순간까지 무수히 많은 선택을 한다는 것을 말한다.

모든 선택에는 기회비용이라는 것이 발생한다. 기회비용이란 경제학 용어로 어떤 재화의 용도 중 한 가지만을 선택할 경우, 포기한 용도에서 얻을 수 있는 이익의 평가액을 의미한다.

쉽게 설명하면 어느 하나를 선택함에 있어 포기되는 것들의 가치라고 풀어 해석할 수 있다.

예를 들어 A는 연봉 3,000만 원을 주는 회사를 다닌다. A는 직장 생활로 큰 스트레스를 받고 있다. A는 회사를 다닐지 말지 고민을 한다. A가 회사를 퇴사를 하면 스트레스는 사라지지만 안정적인 소득을 잃는다. 반대로 회사를 계속 다니면 스트레스는 받지만 수입이 일정하다. 어떤 선택을 하든 얻는 게 있고 잃는 게 있는데 이때 나에게 선택받지 못한 가치를 기회비용이라고 일컫는다.

많은 사람들이 기회비용의 가치가 크면 클수록 자신의 선택과 행동에 확신을 가지지 못한다. 자신이 한 일이 생각대로 풀리지 않으면 자신이 떠나보낸 기회비용을 회자하며 끊임없는 후회를 한다. 삶을 살아가다 보면 아쉬움이나 후회가 하나도 없을 수는 없다. 하지만 행동에 책임을 진다는 것은 이러한 아쉬움이나 후회는 뒤로한 채 앞으로 더 나아가기 노력하는 것이 아닐까?

전국적으로 아동 전문가로 유명한 오은영 박사에게는 한 명의 아들이 있다. 오은영 박사는 아들이 첫 수능을 망치고 재수를 하고 싶다고 이야기했을 때, 인생에는 후회가 없어야 한다고 흔쾌히 허락을 해주었다고 한다. 하지만 이듬해 재수에서도 아들은 수능 성적이 만족할 만한 결과가 나오지 않았다. 어느 날 아들은 오은영 박사에게 말한다. "엄마, 제가 정말 열심히 했는데 결과가 그만큼 좋지 않아요." 오은영 박사는 대답했다. "열심히 한 것 엄마가 다 알지. 하지만, 실력과 결과가 꼭 비례하는 건 아니야." 아들이 뒤이어 말했다. "그래도 점수가 안 좋으니 내가 최선을 다한 것도 소용이 없잖아요." 아들의 말에 답한 오은영 박사의 말이 인상 깊다.

"최선을 다한다는 건 결과에 따른 감정까지도 겪어내는 것까지야. 경우에 따라선 좌절도 하고 마음도 아프겠지. 그것까지도 끝까지 겪어보렴. 얻는 게 있을 거야."

위와 같은 이야기를 나눈 이후 오은영 박사는 더 이상 아들에게 실망이나 실패 같은 얘기를 듣지 않았다고 한다. 오은영 박사가 말한 최선을 다한다는 말이 나에게는 자신의 일에 책임을 다한다는 의미로 받아들여졌다. 결과에 따른 감정도 받아들이는 것. 그 감정이 후회가 될지라도, 슬플지라도, 아플지라도 끝까지 감당해내는 것이 자신의 선택과 행동에 책임을 다한다는 의미 같았다.

6년 전, 스무 살의 나는 다니고 있던 대학교에 깊은 고민을 하고 있었다. 내가 다니는 학교가 다닐 만한 가치가 있는 곳일까? 배울 만한 게 있는 곳인가? 얻을 게 있는가? 시간과 돈을 쓸 값어치가 있는가? 이러한 고민으로 머리를 가득 채워 하루하루를 보내고 있었다.

나는 수도권 전문대에서 디자인 학과를 다니고 있었다. 디자인 전공생이 학교에서 배우는 전공 수업은 크게 두 가지이다. 드로잉과 컴퓨터 프로그램을 이용한 디자인을 배우게 된다. 내가 다니던 수도권 전문대는 디자인 입시를 망치고 성적으로 들어간 대학교였다. 비실기 입학이기 때문에 다른 친구들은 드로잉을 제대로 하지 못했다. 하지만 그들은 실업계 출신이 많아서 컴퓨터 프로그램을 능수능란하게 사용할 줄 알았다. 그 친구들을 보니 내가 잘하고 싶고 좋아하는 분야에 열등하다는 느낌을 받았다. 나는 바로 학교 수업이 끝나고 갈 수 있는 디자인 학원을 등록하였다.

디자인 학원 첫날이었다. 강의실 앞 문이 열리고 학원 선생님이 들어오는데 그분은 대학교 교수님이셨다. 놀란 채 교수님과 인사를 나눴다. 예능 프로그램에서 보았던 장면같이 '네가 거기서 왜 나와?' 딱 이런 심정이었다. 학원 수업과 학교 수업은 예시가 다를 뿐 배우는 게 똑같았다. 학원은 학교 수업료보다 1/3의 가격이었다. 학원 수업으로 디자인 프로그램을 사용할 줄 알게 되니 능수능란해 보였던 친구들의 실력이 눈에 보이기 시작했다. 프로그램을 다룰 줄 안다는 것과 디자인 실력이 좋다는 것은 별개였다.

학교에 지출하는 학비가 아깝게 느껴졌다. 학교가 내가 무언가를 배우는 데 큰 도움이 된다는 생각이 들지 않았다. 부모님께 이런 내 생각을 말씀드렸다. 엄마는 다시 생각해보라고 나를 설득했다. 하지만 집안에서 황소고집으로 불리는 나는 내가 결정한 일을 누군가의 의견에 의해 번복하는 일 따위는 일어나지 않았다. 그러한 일이 일어날 확률은 마치 하늘의 별 따기와 같았다.

"그래, 네가 그렇게 결정했으면 그렇게 해. 아빠는 네가 한 선택이 좋은 선택인지 아닌지 뒤에서 그냥 지켜보기만 할게."

아빠는 나의 선택에 동의를 했고, 나는 6개월 만에 대학교를 자퇴했다. 자퇴를 하고 다양한 일이 있었다. 날 뒤에서 응원해주시겠다던 아버지는 돌아가셨고, 그 여파로 돈에 쫓기는 인생을 살았다. 단순노동에 치여 사는 삶을 살아가다 문득 내 삶에 배움이 전혀 없다는 사실을 깨달았다. 일을 하는 동안에 시간을 쪼개 여러 개의 자격증을 취득하고, 학점은행제를 공부하며, 취미 학원을 다니고 인강을 들었다. 그런 내 모습에 엄마는 대견함과 함께 안타까움을 느꼈던 것 같다. "거봐, 엄마가 뭐랬어. 그때 전문대 자퇴할 때 잘 생각해보라고 했지. 그때 빨리 전문대 졸업장이라도 취득해놨으면 지금보다는 덜 고생했을 거 아니야." 엄마의 말에 단호하게 말했다.

"아니, 내가 그때 돌아가도 난 똑같이 자퇴할 거야. 난 내가 한 선택에 후회 안 해. 그때 내가 자퇴를 해서 지금 더 고생을 한다고 생각하지도 않고, 만약 그렇다고 해도 내가 한 선택에 결과는 내가 짊어져야지."

나의 대답에 더 이상 엄마는 자퇴에 대해 이야기하지 않았다. 많은 사람들은 자신의 행동에 책임을 진다고 생각한다. 하지만 내가 생각하는 진정한 책임은 자신이 한 선택에 따른 감정까지도 짊어지는 것이다. 자신이 한 행동에 결과를 끌어안고 있어도 "그때 그랬어야 했는데…", "힘들어서 죽겠어."와 같은 넋두리를 하고 있다면 책임을 회피한 것은 아니더라도 진정 스스로가 한 행동에 책임을 졌다고 보기는 힘들다.

    진정한 어른이란 자신의 선택과 행동에 책임을 지는 사람이 아닐까? 선택에 책임을 진다는 것은 결과를 자신이 부담한다는 것이다. 더 나아가 그 결과에 따른 감정도 짊어지는 것이다. 니체는 말한다. "자기 책임을 방기하려 하지 않으며 책임을 타인에게 전가시키지 않는 것은 고귀한 일이다."라고. 나는 당신이 책임을 회피하는 사람이 아닌, 누군가에게 전가시키는 사람이 아닌 스스로 짊어지고 가는 '책임감 있는' 어른이기를 바란다.

세상은 당신을 구원해주지 않는다 당신을 구할 수 있는 건 당신 자신뿐이다

행복한 어른이 되는

자존감 수업

5장

자존감을 내 편으로 만들면 인생이 달라진다

01

자존감을 내 편으로 만들면 인생이 달라진다

"자기 자신을 사랑하면 당신의 인생에 기적이 일어난다."

– L 해이

2년 전, 내가 남자친구가 있을 때의 이야기이다. 한 3주 사귀었나? 내가 자존감이 높지 않았더라면 내 인생의 후폭풍이 되었을지도 모르는 나의 연애 이야기를 들려주려고 한다.

나는 연애에 별로 관심이 없는 편이다. 20살 때의 연애를 마지막으로 4년 만에 누군가를 만난 것이었다. X와는 학교에서 친해진 사이였다. 그 무렵 한창 〈아는 형님〉 프로그램에서 다룬 '깻잎' 사연이 SNS를 달궜다.

'깻잎' 사연은 한 남성이 자신의 여자친구와 크게 싸워 자신의 행동을 돌아볼 겸 사연을 보낸 것이었다.

'어제 여자친구의 친구들과 함께 저녁을 먹었어요. 그런데 제 맞은편에 앉아 있던 여친의 친구가 젓가락질을 잘 못하더군요! 콩자반도 떨어뜨리고 메추리알도 못 잡고…. 그러다 깻잎장아찌에서 사달이 났어요! 알죠? 깻잎!! 한 장, 한 장, 잘 안 떼어지는 거! 제 바로 앞에서 그 깻잎 한 장을 못 떼고 낑낑거리기에 제가 한 장 떼어서 그 친구 밥 위에 얹어줬어요. 그리고 밥을 먹는데 또 잘 못 떼고 있길래 다시 한 장 밥 위에 얹어줬는데 그 순간 여자친구가 숟가락을 딱 내려놓더라고요. 여자친구는 자신의 친구 밥 위에 깻잎을 올려주었다고 화를 냈어요. 저는 제 여자친구의 친구들한테 잘 보이고 싶어서 친절하게 한 건데 제가 잘못한 건가요?'

SNS의 댓글뿐만 아니라 나의 친구들도 다들 사연을 보낸 남성이 큰 잘못을 하였다고 말하였다. 하지만 나는 그들과 생각이 달랐다. 나에게는 내 친구가 나의 남자친구의 침 묻은 젓가락으로 깻잎을 올려준 것을 찝찝해하지 않는다면 잘못이라고 할 부분이 없는 사건이었다. X와 이 이야기를 나누었다. X는 "어디에서 화가 난다는 거야? 이걸로 왜 싸워?"라고 대답하였다. 그 순간이었던 것 같다. 나랑 가치관이 맞다는 생각이 들자 호감이 생겼다. 그래서 내가 먼저 다가갔고 연인이 되었다.

연애를 시작하고 딱 4일까지 괜찮고 그 이후부터 머리가 아프기 시작했다. 저녁에 통화를 하다 X는 나에게 뜬금없는 질문을 하였다.

"근데 내 핸드폰에 여자랑 팔짱 끼고 있는 사진 보면 어떻게 할 거야?"

순간 이런 질문은 도대체 왜 하는 거지?라는 생각이 들었다. 그래도 궁금하면 물어볼 수 있다고 생각하여 최선을 다해 답을 하기 시작했다. "나는 내 핸드폰 말고 다른 핸드폰은 안 봐~ 눈앞에 보여주는 거 아니면 사진을 볼 일은 없을 거 같은데."라고. 그러자 X는 무조건 사진을 보게 된다는 조건을 걸었다. 나는 "그럼 그 사진이 찍힌 시기가 중요하지. 언제 찍은 사진인데?"라고 물어보았다. "찍은 시기는 당연히 너랑 사귀기 전이지. 보면 어떡할 거냐니까?"라며 X는 다시 나에게 질문하였다. "나랑 사귀기 전이면 내가 왈가왈부할 필요는 없는 것 같은데."라고 대답하자 갑자기 X는 한숨을 쉬며 말했다.

"아…. 진짜 이런 게 무슨 연애인지 모르겠다."

X의 행동에 무슨 반응을 보여야 할지 몰라서 급하게 전화를 마무리 지었다. 다음 날 X는 또 다른 질문을 가져왔다. "내가 클럽 간다고 하면 어떻게 할 거야?"라고. 이 질문도 내 나름대로 최선을 다해 대답했다. "클

럼을 진짜 가고 싶으면 갈 수 있다고 생각해. 근데 그럼 나도 가도 되는 거지~?" 나의 대답을 들은 X는 어이가 없다는 듯 웃으며 말했다.

"아···. 진짜 이게 무슨 연애인지 모르겠다."

며칠 동안 계속 이런 상황이 반복되었다. 나는 X의 반응에 항상 난처했다. 나는 이런 상황을 겪는 것과 이 관계 자체에 회의감이 오는데 주변 사람들이 X가 귀엽다고 잘해보라고 조언을 해주었다. '내가 문제인 건가?', '내가 잘못된 반응을 하는 건가?'라는 생각이 들기 시작했다. 나는 '그래, 오랜만에 하는 연애니까 최선을 다하자.'라고 마음 다잡고 연인들끼리 적는 질의응답 다이어리를 구매했다. 데이트 날 다이어리를 바꿔 적고 되돌려 받아 읽는데 기가 찼다.

나와 사귄 이유 : '내가 좋다고 들이대서'
다 좋은 연인이지만 고쳤으면 좋겠는 부분이 있다면? : '말하는 스타일을 좀 고치면 좋겠다.'

다이어리를 보는데 나랑 왜 사귀는 거지 어이가 없어질 찰나 X가 조심스럽게 말을 하였다. "너의 웃음에서 슬픔이 보여." 이 말은 정말 내 인생 최고의 헛소리였다. 나는 화를 내면 민망해지는 상황이 싫다. 그래서 아무릇지 않은 척 웃으며 대답하였다. "오해가 있는 것 같은데? 나 정말 행복하고 즐거워서 웃는 거야." 내 대답과 동시에 X는 정색을 하며 단호하게 말했다.

"아니, 내 말이 맞아. 너 웃음에서 슬픔이 보여. 나를 통해서 너의 그런 모습을 치유해주고 싶어."

나는 X와 다음 날 바로 헤어졌다. 나는 일방적으로 이별을 고했다. '우리는 맞지 않는 것 같아. 좋은 여자를 만나.'라고 문자를 보낸 후 전부 차단을 박았다. 나중에 X가 한 행동이 전형적인 가스라이팅이라는 것을 알게 되었다. 최근 다양한 사회적 상황에서 이슈를 불러일으키고 있어 가스라이팅을 들어보았을 거라고 생각한다.

가스라이팅은 〈가스등〉이라는 영화에서 유래된 말이다. 이 영화는 남편이 부인을 억압하는 전형적인 가스라이팅의 모습을 담았다. 잭(남편)이라는 남성이 보석을 훔치기 위해 2층의 가스등을 켜야 하는데, 이렇게 하면 가스를 나눠 쓰던 다른 층의 불이 어두워져서 들킬 위험이 생긴다. 벨라(부인)가 집 안이 어두워졌다고 말하면 잭은 그렇지 않다는 식으로 아내를 탓하는 것은 물론 정신병자로까지 몰아세운다. 이에 아내는 점차 자신의 현실 인지능력을 의심하면서 판단력이 흐려지고, 남편에게 더욱 의존하게 된다.

가스라이팅은 어떤 사람의 심리나 상황을 교묘하게 조작을 가해 그 사람이 스스로를 불신하게 만듦으로써 가해자에 의존케 하는 심리적 학대를 뜻한다. "너 너무 예민한 거 아니야?", "아니, 네가 한 말은 틀렸어. 내 말이 맞아."와 같은 말을 반복해 듣는 이의 자존감과 판단 능력을 잃게 만든다. 자기 자신에 대한 불신, 낮은 자존감, 정확하지 않은 판단 능력은 피해자의 일상생활에 큰 어려움을 만든다. 이러한 과정에서 피해자는 사회적으로 고립되어간다. 최악의 상황에서는 극심한 우울증과 외상 후 스트레스 장애를 겪기도 한다.

내 주변에서는 가족, 친구, 연인, 회사 등 다양한 환경에서 가스라이팅의 피해를 겪고 있다. 피해 사실을 깨닫고 관계를 벗어났을 때는 이미 너무 많은 사람을 잃었거나 큰 상처를 입은 상태였다고 말한다. 내가 피해자가 되는 것처럼 나에게 밀접한 사람이 가스라이팅의 피해자라는 사실을 아는 것 또한 큰 충격을 받게 된다. 나의 친언니가 연인 사이에서 가스라이팅을 당해 심한 우울증과 거식증에 걸린 것을 뒤늦게 알았을 때 언니 몰래 혼자 눈물을 훔치고는 했다.

내가 만약 X를 만났을 때 자존감이 낮았다면? 자기 확신이 없었다면 어떻게 되었을까? 높은 확률로 내 인생의 주도권을 X에게 주었을 것이다. 항상 스스로의 판단을 의심하며 내 상황을 X에게 보고하고 확인을 받으려 하였겠지.

나는 당신이 높은 자존감을 가지길 바란다. 스스로의 신뢰와 존중으로 단단히 뭉쳐 있기를 바란다. 타인에게 받은 사랑과 인정으로 자존감을 채운다면 자기 삶의 통제권을 놓아버리는 것과 같다. 다른 사람에게 얻은 일시적인 만족감을 자존감으로 착각하지 말아라. 당신의 삶을 선택하고 행동하라. 당신의 삶의 주체가 되어라. 그러한 모든 행동들이 당신의 자존감을 높은 곳으로 이끌어줄 것이다. 자존감을 내 편으로 만들면 인생이 더 좋은 방향으로 바뀌어나간다.

02

작은 성취가 나의 자존감을 높인다

"작은 변화가 일어날 때 진정한 삶을 살게 됩니다."

– 레프 톨스토이

코로나19가 장기화되면서 '코로나 블루'라는 신조어가 생겼다. 코로나 블루란 코로나와 블루(우울감)의 합성어이다. 코로나 확산으로 생긴 불안과 우울, 무기력 등 스트레스가 증가되는 현상을 의미한다. 요즘은 사회적 거리 두기, 자가격리가 일상이다.

이런 팬데믹 시대에서는 노력의 주도권이 나에게 없는 것 같은 느낌을 자주 받는다. 나는 다른 사람에게 피해를 주지 않기 위해 끊임없이 노력하지만 확진자는 기하급수적으로 늘어나고 나는 최대한 집에 있는 시간을 늘리지만 관광지나 놀이동산의 사람들이 미어터지는 사진을 자주 접한다. 이렇게 내 노력이 아무런 결과를 만들어내지 못할 때 우리는 자기효능감을 잃는다.

자기효능감은 무엇일까? 자기효능감이란 자신이 어떤 일을 성공적으로 수행할 수 있는 능력이 있다고 믿는 기대와 신념을 뜻한다. 자기효능감은 자존감과 밀접한 연관이 있는 요소로 자기효능감을 잃는다는 것은 자존감이 떨어진다는 것을 의미한다.

낮은 자존감으로 마음고생하는 사람이 많다. 그들은 묻는다. "도대체 자존감을 높이고 싶은데 어떻게 해야 하는지 모르겠어요. 저도 자존감을 높이고 싶어요. 자존감이 낮아서 힘들어요."라고. 그러면 그 질문을 받은 높은 자존감을 가진 사람은 말한다.

"반복적인 스스로의 성취가 중요합니다. 내가 무언가 해서 결과를 얻어내면 '나도 할 수 있구나, 해낼 수 있구나'라는 만족감이 생기고 그런 성취들이 모여 자존감이 계단식으로 계속 올라갑니다."

내가 자존감이 낮았을 때는 이러한 말을 듣고 의문이 들었다. '아니, 그니까 그 작은 성취를 어떻게 하는 건데? 스스로의 반복적인 성취가 뭔데?라는 생각뿐이었다. 나는 내가 하고자 하는 분야에 노력을 꾸준히 하는 성격을 가지고 있다. 그 당시 나는 만화를 그리겠다고 그림만 부단히 그리고 있을 때였다. 하지만 실상 만화는 안 그리고 그림만 그리니 결과가 없었다. 만족감이 생기지 않았다. 내가 눈에 보이는 결과를 만들어야겠다고 다짐하고 작은 성취를 만들어낸 것은 5년 만에 만난 첫사랑과의 만남에서였다.

작년까지만 해도 20살 때 헤어진 첫사랑에 대한 미련이 남아 있었다. 헤어지고 나서 단 한 번도 첫사랑에 대한 소식이나 근황을 찾아본 적은 없었다. 하지만 내 마음을 정리하고 끝낸 것이 아니어서 일말의 감정이 남아 있었다. 오랜만에 만난 친한 친구와 이야기를 나누다가 내 첫사랑이 회자되었다. 이러한 감정을 가지고 있다는 걸 숨겼지만 친구는 내 반응에 내가 첫사랑에 미련이 있다는 걸 금방 눈치챘다. 친구는 SNS를 찾아 내 첫사랑에 대한 소식을 전해주었다. 마치 소식을 물고 오는 까치처럼.

"후회 없이 살자."라는 내 좌우명 때문이었을까? 아니면 내 친구의 노력 때문이었을까? 그것도 아니면 5년이 지나서였을까? 20살이 지나고 처음으로 그 친구에게 연락을 했다. "오랜만이야. 시간 괜찮으면 밥 한 번 먹지 않을래?"라고. 사실 연락이 오지 않을 줄 알았다. 하지만 현실은

"어, 진짜 오랜만이다. 그래 밥 한번 먹자."라는 답장이 돌아왔다.

만나서 밥을 먹는데 그 친구가 자신의 근황 이야기를 하기 시작했다. 그 당시 그 친구는 장사를 하다가 쉬고 있는 상태였다. 더불어 자신의 친구들은 이야기해주는데 사업을 하는 친구, 워킹홀리데이를 간 친구, 랩을 하는 친구 등등 대단해 보이는 친구들이 굉장히 많았다. 이야기를 마치고 그 친구는 나에게 물었다. "너는 요즘 뭐해? 만화 그리나?"라고.

질문을 받았는데 그 짧은 순간 오만 가지 생각이 났다. 그림만 그리는 삶을 살고 있어서 뭐라고 대답을 해야 할까 고민이 들었다. 나는 그 친구와 달리 이렇다 할 결과물을 내지 못했으니까. "그림은 그리는데 만화는 아직 준비 중이야…"라고 조심스레 대답했다. 그 친구는 이해를 못 하는 것 같았다. 그도 그럴 것이 5년이란 긴 시간이 지났지만 5년 전과 지금과 똑같이 만화에 진전이 하나도 없었다.

"왜? 그냥 한번 해보면 되는 거 아니야?"

간단하지만 어려운 말. 맞는 말이지만 실천하기 쉽지 않은 말. 집으로 돌아갈 때 계속 그 친구의 말이 맴돌았다. 나는 열심히만 살고 있지 전혀 내세울 게 없는 삶을 살고 있는 건 아닐까?라는 생각이 멈춰지지 않았다. 그때 나를 이력서 한 장으로 표현해보았다. 학력도 딱히, 경력은 없음, 스펙이라 불리는 자격증도 없음. 그냥 주 80시간 넘게 일하지만 성과 없는 일벌레. 날 표현한 한 줄에 기가 찼다. 결과물이 없다는 게 이렇게 사람을 초라하게 만드는구나 현타가 왔다. 빠른 시일 안에 이룰 수 있는 결과를 만들어야겠다고 다짐했다. 그 당시에 내가 가장 빨리 이룰 수 있는 것은 자격증이었다. 자격증은 절대 평가로 내가 하고자 하는 마음만 먹으면 빠른 시기에 취득할 수 있다. 취업을 하거나 공무원을 준비하는 시험과는 다르다. 그런 시험들은 내가 열심히 해도 나보다 더 열심히 하는 사람이 있으면 내 노력이 결과물로 나오지 않을 수도 있다.

자격증을 하나하나 취득할수록 그전까지 이해하지 못했던 전문가들의 말이 이해가 되기 시작했다. '나도 할 수 있구나, 해낼 수 있구나.'라는 말. 일을 병행하면서 10개 이상을 취득하니 내 자신이 자랑스럽게 느껴졌다.

많은 사람들이 자신에게 주어진 업무를 잘하고 있음에도 불구하고 자존감이 낮다. 당신도 그러한가? 그렇다면 작은 성취를 쌓아 결과물을 만들 필요가 있다. 나처럼 자격증을 취득하든, 미라클 모닝, 글쓰기, 운동 등 무언가를 해라. 그리고 그것을 기록으로 남겨라. 삼 일이 쌓이고 일주일이 쌓이고 한 달이 쌓이면 후에 그 기록들을 돌아볼 때 당신은 느낄 수 있을 것이다. '나도 하면 할 수 있구나. 해낼 수 있구나.'라고.

무언가 시도해본 적이 없다면 당신에게 미라클 모닝, 글쓰기, 운동, 자격증과 같은 예시는 너무 거창하게 느껴질 수도 있겠다. 그렇다면 정말 일상에서 할 수 있는 사소한 거리를 찾아보자.

① 늦잠을 자지 않는다. 굳이 일찍 일어나려 하지 않아도 된다. 정해둔 기상 시간을 넘겨 더 잠을 자지만 말아라.

② 영양제 챙겨 먹기. 아주 사소해 보이지만 사실상 매일매일 영양제를 꾸준히 챙겨 먹는 것은 결코 쉽지 않다.

③ 스트레칭 하기. 운동을 하고 싶지 않을 수 있다. 그렇다면 5분, 10분 스트레칭을 하라. 스트레칭조차 안 하는 사람이 수두룩 하다.

④ 독서. SNS에 글귀가 난무하지만 실제로 책을 읽는 사람은 많이 없다. 30분이라도 독서를 하라.

⑤ 설거지. 먹고 바로바로 정리하는 것 역시 굉장한 일이다. 다음 식사 직전이 아닌, 쓸 그릇이 없을 때가 아닌 먹고 바로 설거지를 한다는 건 당신의 만족감을 늘려주는 일이 될 수 있다.

위의 사례처럼 일상에서 쉽게 할 수 있는 것들을 하나하나씩 성취하는 것이 좋은 시작이 될 수 있다.

자존감을 올리고 싶은가? 낮은 자존감으로 하루하루가 고통스러운가? 당신의 인생이 의미 없이 흘러가는 것 같은가? 당신은 당신의 삶을 위해 사소한 것이라도 성취하기 위해 움직여야만 한다. 백날 천날 전문가의 이야기를 듣고, 정신과 의사의 이야기를 들어도 당신이 아무것도 하지 않으면 아무런 소용이 없다. 사소한 것이라도 성취하려고 시도하라. 무언가를 할 때마다 기록으로 남겨라. 그 기록들을 보며 깨달아라. 당신은 했고, 할 수 있고, 해낼 수 있는 사람이라는 사실을. 당신을 아무것도 하지 않는 무기력 상태에 놓아두지 말아라. 당신의 자존감은 당신 스스로 높여야 한다.

03

오늘부터 나를 사랑하기 시작했다

직장인 커뮤니티 '블라인드'에서 한 글을 읽었다. 글쓴이는 "회사 면접에서 몇 번 떨어지니 자존감이 바닥을 치네요. 모아둔 돈도 별로 없고 집도, 차도 없어요. 혹시 이런 상황에서 자존감 올리는 법 있을까요? 너무 힘드네요."라고 진솔하게 자신의 고민을 털어놨다. 그런데 이 고민 글에 달려 있던 댓글에 난 큰 충격을 받았다.

"뭣도 없는데 자존감만 높으면 그게 더 이상한 거지."

이 댓글을 남긴 사람은 글쓴이에게 무슨 말을 하고 싶었던 것일까? 무언가를 가져야만 자존감이 높을 수 있다고 말하고 싶은 걸까? 그렇다면 얼마나 가져야 자존감이 높을 수 있을까? 벌이는 한 달에 최소 500만 원, 자기 명의의 집, 독일 3사 외제차를 가지고 있다면 자존감이 높아도 되는 것일까? 높은 자존감에 이러한 조건이 설정된다면 대부분의 20대, 30대는 자존감이 높을 수 없다. 아마 마흔 살이 넘어도 자격 조건을 충족시키는 사람이 많지 않을 것이다.

그럼 벌이는 한 달에 200만 원, 국산차 소유로 자격 조건을 낮춰보자. 20대, 30대가 이제 자존감을 가져도 될 것이다. 하지만 나보다 더 잘 벌고, 잘사는 사람 앞에서 과연 당당할 수 있을까? 자존감에 조건을 달면 나보다 좋은 조건 앞에서는 항상 초라할 수밖에 없다.

나는 댓글을 적은 분과 입장이 다르다. 무언가를 가지지 않아도 자존감은 높을 수 있다. '자존감의 대가', '자존감이라는 개념의 아버지'라고 불리는 심리학자 나다니엘 브랜든은 자존감이란 스스로를 존중하며 사랑받을 가치가 있다고 여기는 마음이라고 이야기했다.

자존감의 본질은 자신에 대한 신뢰이자 행복을 누릴 만한 사람이라 여기는 자기 존중감이다. 자신이 자기 자신을 사랑하는 데는 좋은 집, 비싼 차, 돈과 같은 조건은 필요 없다. '그래도 뭣도 없는데 어떻게 날 사랑할 수 있겠어…'라는 생각이 드는가?

당신이 지금 당신 친구의 연애 상담을 받고 있다고 상상해보자. 친구는 당신에게 말한다. "여자친구가 지금 내 차가 쪽팔린대. 차 바꾸면 안 되냐는데 어떡하지?" 당신은 물어볼 것이다. "뭔 차로 바꾸라는데?" 친구는 대답한다. "벤츠로 바꾸래. 자기 친구 남자친구들은 다 외제차를 갖고 있다고. 근데 가격이 많이 부담되니까…."

당신은 친구에게 뭐라 답해줄 것인가? "벤츠는 인정해준다는 뜻이지. 여자친구가 쪽팔린다는데 무리해서라도 차 바꿔라."라고 답할 것인가? 아니다. 당신은 분명 당신의 친구에게 이렇게 말할 것이다.

"국산차는 쪽팔리고 외제차는 괜찮아? 야, 네 여자친구는 뭔 차 기종으로 사람을 판단하냐. 그냥 너 자체를 좋아해주는 애 만나. 차 없어도 너 좋다는 애 만나라고."

나는 당신이 이러한 말을 당신 친구에게만 하지 말고 스스로에게도 말해주길 바란다. 무언가를 가지지 않아도 좋아하라고. 그냥 당신 그 자체를 좋아하라고.

아무것도 안 갖춰져 있는데 그 모습 그대로를 좋아하는 게 말처럼 쉽냐고? 너는 애초에 자존감이 낮아본 적이 없는 것 아니냐고 물어보고 싶을 수도 있겠다.

나 역시 자존감이 낮았을 때가 있었다. 내가 스무 살 때 아버지가 돌아가셨다. 등산을 가셨다가 어느 날 갑자기. 난 하루아침에 아버지를 잃은 상실감과 공허함을 음식으로 채워나갔다.

그렇게 스트레스를 받을 때마다 음식을 먹는 버릇이 생겼다. 속상할 때나 화가 날 때 군것질로 기분 전환을 꾀하곤 했다. 먹는 양이 갈수록 늘어났던 걸로 기억한다. 나중에는 눈앞에 음식이 보이면 그것을 다 먹어치우고 마는 괴물이 되어버린 것 같았다. 언제 무엇을 먹을지, 또 얼마나 먹을지를 전혀 통제할 수 없었다. 오랜만에 친구를 만났다. 친구의 악의 없는 질문.

"루미야, 너 근데 못 본 새 살이 왜 이렇게 쪘냐?"

내가 나를 돌보지 않는 사이에 정말이지 난 살이 많이 쪄 있었다. 내 모습을 거울에 비쳐봤을 때 나 자신이 한심하다고 느껴졌다. 그렇게 자존감은 바닥을 쳤다. 나 스스로를 하찮다고 생각했다.

다른 사람이 나의 외모를 칭찬하면 "제가요? 아니에요. 저보다 예쁜 사람이 얼마나 많은데요."라고 대답했다.

체중 때문에 고민하는 나에게 괜찮다고 말해주면 나는 "아니에요. 저 진짜 뚱뚱해요. 뺄 살이 엄청 많아요."라고 대답하곤 했다. 누군가가 나에게 관심 있다고 말하면 '나를? 왜? 보는 눈이 없는 거 아니야?'라는 의문을 품으며 상대를 의심했다.

나는 연예인같이 마른 몸이 되고 싶었다. 10킬로그램이나 15킬로그램 정도 살을 감량하고 싶었다. 살을 빼야 내가 나 자신을 사랑할 수 있을 것 같아서. 나 자신을 하찮게 보는 걸 멈출 수 있을 것 같아서. 다이어트에 아반떼 한 대 값을 퍼부었다고 해도 과언이 아니다. 원푸드, 초절식, 단백질 셰이크, 복싱, PT 등등. 다양한 다이어트를 했고, 수많은 요요를 겪었다.

어느 날 헬스 트레이너와의 대화에서 나는 내가 잘못된 생각을 하고 있다는 것을 깨달았다. 마른 몸이 되기 위해 어김없이 PT를 받던 날이었다. PT를 받으며 트레이너 선생님과 대화를 나누다가 자존감에 대한 이야기가 나왔다.

"회원님, 저는 길 가다가 뚱뚱한 애들이 자존감 높은 거 보면 뭔가 좀 같잖은 것 같아요."

나는 트레이너 선생님의 말에 큰 충격을 받았다. 내가 체중이 많이 나가서였을까? "자존감은 자기 스스로를 존중하는 마음인데 뚱뚱하다고 자존감이 높으면 안 된다는 말이에요?"라고 반박해버렸다.

"아니, 자기 관리도 안 되어 있는데 뭐라도 되는 양 당당하면 웃기잖아요." 다시 돌아온 트레이너 선생님의 말에 나는 상당한 불쾌감을 느꼈다.

"자기 관리에 몸매 관리만 있는 건 아니잖아요. 길 가다가 본 뚱뚱한 분이 돈을 얼마나 잘 버는지, 능력이 얼마나 좋은지 모르는 건데, 외형 하나만 보시고 그런 생각 하시는 건 좀 아닌 것 같은데요."

나의 말에 웃고 떠들던 헬스장 분위기가 한순간에 뻘쭘해졌다. 나는 급하게 수업을 마무리하고 집으로 돌아갔다. 집으로 돌아가는 길, 내가 헬스 트레이너 선생님에게 했던 말을 무수히 곱씹어 보았다.

"뚱뚱하다고 자존감 높으면 안 된다는 말이에요?", "자기 관리에 몸매 관리만 있는 건 아니잖아요. 외형 하나만 보시고 (같잖다는 생각을 당당하게 하는 게 더 웃긴다) 그런 생각 하시는 건 좀 아닌 것 같은데요." 그때 문뜩 내가 헬스 트레이너 선생님과 다를 게 뭐지? 라는 생각이 들었다. 살이 찐 스스로를 하찮게 보던 나. 마른 몸이 되어야만 사랑받을 가치가 있다고 생각하던 나. 나 역시 말랐거나, 뚱뚱한 것으로 사람을 판단하고 있었던 것은 아닐까? 부끄러워졌다. 나 자신을 체중만으로 평가하던 내 모습이.

나는 그날의 대화에서 교훈을 얻었다. 내가 40킬로그램이든 50킬로그램이든 60킬로그램이든 나는 나다. 외형만으로 나의 전체를 판단할 순 없다. 체중의 숫자로 자존감이 높았다 낮았다 할 필요가 없다는 교훈 말이다.

그날 이후 체중과 상관없이 나는 그냥 나를 사랑하기로 마음먹었다. 이제는 다른 사람이 나의 외모를 칭찬하면 "감사합니다.", "고마워."라고 대답한다. 배가 나왔다, 살 좀 빼는 게 좋겠다는 소리를 들으면 "너무 완벽해 보일까 봐 살짝 인간미를 추가해 봤단다."라고 능청스럽게 대꾸한다. 뿐만 아니라 누군가가 나에게 관심 있다고 말하면 "내가 한 매력 하지."라고 대답할 수 있는 사람이 되었다.

"먼저 자신을 사랑하라. 그러면 그 모든 것이 줄서서 따라올 것이다. 진실로 세상의 모든 것을 이루기 위해서는 자기 자신을 사랑해야 한다."
– 루실 볼

오늘부터 나는 당신이 스스로를 사랑하기를 바란다. 높은 자존감을 갖고 싶어서 이 책을 읽는다면, 자존감 낮은 자신의 모습을 바꾸고 싶어서 이 책을 읽는다면, 자기 자신을 그 모습 그대로 사랑하기를 바란다. 자존감이 높아지려고 좋은 집, 비싼 차, 돈과 같은 물질을 갖추지 않아도 된다. 또한 살을 빼야 괜찮아 보인다고 생각한다면 그 생각을 버려라. 자기 자신을 사랑하는 데는 어떠한 조건도 필요 없다.

04

당신은 소중한 사람입니다

"당신은 다만 당신이란 이유만으로도 사랑과 존중을 받을 자격이 있다."

– 앤드류 매튜스

당신은 소중한 사람인가? 당신은 스스로를 소중한 사람이라고 생각하는가? '소중'이라는 말이 낯설어 "뭔 소중이야. 그냥 사람이지."라고 대답하고 있지는 아는가? 요즘은 많은 사람들이 스스로를 평가절하하는 경향이 있다.

나 아닌 다른 사람에게는 쉽게 "멋있다.", "정말 대단하다."와 같은 칭찬을 하지만 본인 스스로를 마주할 때는 "나 진짜 왜 이렇게 못났냐.", "나 너무 한심한데."와 같은 말로 자신을 깎아내린다.

왜 많은 사람들이 자신의 가치를 낮잡게 평가하고 있는 것일까?

"현실적으로 너한테 그건 무리이지 않을까?"
"네가 그걸 어떻게 해?"
"야 너는 안 돼."

위의 말들을 아무렇지 않게 뱉는 사람들이 있다. 그들은 당신의 의지를, 열정을, 자존감을 곤두박질치게 하는 말을 툭툭 뱉곤 한다. 당신을 잘 모르는 사람들이 이러한 말을 했을 수도 있고 가까운 가족, 친구, 연인, 직장 상사가 말했을 수도 있다. 그들은 현실적인 조언이랍시고 당신의 가능성에 한계를 긋는다.

아마 당신은 "할 수 있어."라는 말보다 "힘들 것 같은데."라는 말을 열 배 더 들었을 것이며, "잘했어."라는 말보다 "이렇게 했으면 더 좋았을 텐데."라는 말을 다섯 배쯤 더 들었을 것이다. 그래서 많은 사람들이 자신을 소중하고 존중받을 가치가 있는 사람보다는 부족하고 모자란 사람이라고 생각한다.

그렇다면 다른 사람들의 말에 휘둘리지 않으려면 어떻게 해야 할까? 다른 사람의 말을 듣고 의기소침하지 않으려면 어떻게 해야 하는 것일까? 간단하다. 당신이 들은 말이 당신에게 이득이 되지 않는 이야기인 것을 깨달아라. 그들의 말은 한 귀로 듣고 한 귀로 흘려라. 그러한 말들은 당신이 믿고 받아 들이지 않는다면 효과가 없는 말이다.

다른 사람들의 말은 그 사람의 생각일 뿐이다. 당신은 당신을 가장 잘 아는 사람이 당신이라는 것을 절대 잊어서는 안 된다. 남들이 당신에게 모욕적인 말을 하거나, 손가락질을 한다고 기죽을 필요가 없다. 당신의 기분을 상하게 한 말은 말을 뱉은 사람만의 생각이기 때문이다. 그들이 당신에게 내린 가치 판단이나 평가는 하나의 생각에 지나지 않는다. 그들이 하는 생각이 항상 좋은 것도 아니며 항상 진실인 것도 아니다. 그 생각 하나에 당신의 하루의 기분을, 당신의 삶을 휘둘리고 싶은가?

내가 다녔던 회사는 사장님이 직원들을 함부로 대하는 곳이었다. 사장님은 자신이 하고 싶은 말이 있으면 무조건 밖으로 표출하였다. 비속어와 함께 거침없는 막말을 하였다. 화는 또 왜 그렇게 많으신지 매일 소리를 지르셨다. 회사에 입사한 직원들이 한 달을 채 버티지 못하고 나가는 분들이 많았다. 나 역시 3개월 정도 다닌 것 같다. 내가 그만둘 때쯤 직원들이 사장님의 폭언을 견디지 못하고 한 주에 4명이 퇴사를 한다고 밝

했다. 사장님은 여러 명이 동시에 그만둔다고 하자 화를 참지 못하였다. 모두가 일하는 곳에 관두겠다고 한 사람들을 앉히고 욕을 퍼붓기 시작했다. 그때 내가 들은 말이다.

"미꾸라지 한 마리가 물 흐린다고. 너 때문에 애들 다 관두는 거 아니냐."

"이 기회주의자 새끼야. 일도 더럽게도 못하면서 대접만 받으려고 하지?"

내가 모욕적인 말을 들으면서 아무렇지 않았던 이유는 나를 가장 잘 아는 건 나 자신이라는 확신 덕분이었다. 퇴근 후 함께 폭언을 들은 직장 동료에게 연락이 왔다. "괜찮아? 옆에서 듣는데 진짜 너무 심하게 말하더라. 걱정돼서 전화했어."라며 조심스레 말문을 텄다.

그런 상황을 겪은 것은 조금 충격적이기는 했다. 아예 아무렇지 않았다고 하면 거짓말일 것이다. 하지만 사장님이 나에게 한 말에 대해서는 전혀 상처 입지 않았다. 나는 직장 동료에게 말했다.

"저는 괜찮아요. 사장님이 저한테 하신 그 어떠한 말도 저라고 생각하지 않거든요."

내가 받아들이지 않는 한 다른 사람의 말과 행동은 날 상처 입힐 수 없다. 또한 나란 사람의 가치를 떨어뜨릴 수도 없다. 테리 콜 휘태커가 쓴 『당신이 날 뭐라고 생각하든 나와 상관없다』의 책 제목처럼 다른 사람의 생각은 내가 동의하지 않는 한 나에게 어떠한 영향도 미칠 수 없다.

2021년 도쿄올림픽 대한민국 여자배구는 많은 사람들의 평판을 뒤집었다. 올림픽 경기 전 전문가들은 "한국은 8강 진출도 어렵다."라는 예측을 했다. 하지만 결과는 정반대였다. 배구 세계 4강 신화를 기록한 것이다. 여자 배구 국가 대표를 이끈 주장 김연경이 한 말이다.

"우리는 남의 이야기는 잘 귀 기울여 들어요. 다른 사람이 나에게 '나 못생겼어.'라고 말하면 귀 기울여 듣고 상처를 받잖아요. 반대로 다른 사람이 나에게 '잘했어.'라고 말하면 그것도 귀 기울여 듣고 다시 기뻐하죠. 그런데 정작 자기 자신이 무슨 이야기를 하고 있는지는 귀담아듣지 않더라고요. 내 이야기를 귀담아듣는 게 가장 중요하다고 생각해요. 그래야지 다른 사람이 나를 세게 치고 세게 넘어뜨리려고 해도 넘어지지 않는 것 같아요."

당신은 당신의 내면의 목소리를 잘 듣고 있는가? 혹시 당신의 내면의 목소리는 이미 다른 사람들의 말에 휘둘려 자신을 깎아 내리고 있는가?

다른 사람이 당신의 가치를 낮게 평가하는 데 수긍하고 있는가? 그렇다면 마법의 주문을 알려주겠다. 누군가가 당신에게 함부로 말한다면 이제부터 속으로 말하라.

'건방지게 뭐라는 거야? 나에 대해 뭘 안다고 함부로 떠들어?'

세상에는 많은 사람들이 살아가고 있다. 그 사람들의 얼굴, 목소리, 성격, 패션 등등 제각기 다르고 다양하다. 그 많은 사람들이 하는 나에 대한 생각 또한 다양할 것이다. 아마도 수천 수백 가지는 있을 것이다. 내가 모두에게 똑같은 행동을 해도 사람들의 평가는 다 다르다. 내가 한 행동에 무조건 비난을 하는 사람도 있을 것이다. 그 예를 들어주겠다.

한 커뮤니티에서 읽은 글이었다. 작성자는 20대 젊은 남성으로 자신의 여자친구와 혼전 임신이 되었다고 했다. 남성은 자신의 여자친구의 선택이 가장 중요하다고 생각하였다. '아이를 낳자.', '아이를 지우자.'라는 어떠한 말도 선뜻 꺼낼 수 없었다고 한다.

결국 여자친구에게 "내가 아이를 낳으라고 하는 것도 지우라고 하는 것도 다 너한테 못할 말이라고 생각해. 네가 어떠한 선택을 하든 존중할게. 어떤 선택을 하든 나는 이대로 계속 옆에 있을 거야."라고 말했다. 사람들은 그 남성에게 무슨 반응을 하였을까?

커뮤니티의 사람들은 남성이 책임을 떠넘겼다고 돌팔매질을 하였다. 하지만 책임을 지겠다고 아이를 낳으라고 했다면?

젊은 여성의 앞길에 똥칠한다고 욕을 먹었을 것이다. 여성이 불쌍하다고 말했겠지. 반대로 아이를 지우라고 했다면? 무책임하다고 쓰레기라고 욕을 먹었을 것이다.

아직도 당신은 다른 사람들이 하는 평판과 시선에 신경 쓰고 싶은가? 안타깝게도 당신의 몸은 하나라 남들의 입맛 모두를 맞춰주는 것은 불가능하다. 이제 다른 사람들의 생각 때문에 자신을 소모하는 것이 얼마나 어리석은 일인지 느껴지지 않는가?

당신이 소중한 사람인지 아닌지 결정하는 사람은 오직 당신이다. 당신은 당신 스스로를 어떻게 생각하는가? 자신을 가난하고 인간관계는 좁고 능력도, 스펙도 없는 별 볼 일 없는 사람이라고 생각하는가?

당신 스스로를 가치 없는 사람이라고 생각한다면 정말 그렇게 된다. 시간이 지날수록 당신을 믿고 응원해주는 사람도 없어질 것이다. 하지만 당신이 스스로 타인에게 존중받아야 하는 사람, 소중한 사람이라고 생각한다면 당신은 자신이 한 말 그대로 가치 있는 사람이 된다. 명심하라. 당신이 소중한 사람이라는 사실을.

05

유쾌한 사람이 되어라

"행복해서 웃는 게 아니라 웃기 때문에 행복한 것이다."

― 윌리엄 제임스

강연가로 유명한 김미경은 자신의 유튜브 〈MKTV 김미경 TV〉에서 한 말이다.

"어른이 된 이후로 우리는 너무나 진지해지고, 너무나 심각해졌죠. 어릴 때만큼 웃습니까? 나이가 들어갈수록 웃음을 잃어가요. 근데 생각해 보니 웃는 만큼 행복했다고요. 10대 생각하면 우리 참 즐겁고 행복했었죠. 이제는 지난날보다, 10대 때보다 가진 게 많잖아요. 모든 게 풍요로

워지는데 빈곤해지는 게 있어요. 빈곤해지는 건 뭐예요? 유쾌함이 빈곤해지고 있어요."

당신은 유쾌한 사람인가? 웃음이 많은 사람인가? 당신 역시 나이를 먹어감에 따라 웃음을 잃고 있지는 않은가? 실제로 한 연구에 따르면 아이들은 하루에 평균 400번 정도를 웃지만 어른이 되면서 하루 6번 정도로 줄어든다고 한다.

혹시 매사 진지하고 웃음이 없다면 일상에 웃을 일이 없어 항상 포커페이스를 하고 있다면 당신은 억지라도 웃음을 지을 필요가 있다.

무표정에 침체되어 있는 표정보다는 억지로라도 밝은 척 웃고 있는 게 더 낫다. "웃는 집안에 복이 많이 들어온다."라는 말이 있다. 이 속담처럼 웃는 얼굴이 좋은 일을 끌어당긴다.

예를 들어보자. 당신이 회사에서 한 프로젝트를 맡았다. 당신의 프로젝트를 서포트할 팀원을 뽑아야 한다. 팀원 중 실력이 눈에 띄게 잘하는 사람이 없다면 당신은 누구를 뽑겠는가? 양자택일의 상황이다. 인상을 쓰고 뚱한 표정인 직원 A. 항상 이를 드러내고 환하게 웃는 B. 당신은 아마 높은 확률로 B를 뽑을 것이다.

당신에게 '억지웃음'을 지으라는 나의 말은 나의 터무니없는 주장이 아니다. 마지못해 웃는 억지웃음도 효과가 있는 것으로 알려져 있다. 우리 뇌는 가짜와 진짜 웃음을 구별하지 못한다. 억지로 웃든지, 진짜로 웃든지 뇌가 구별을 못하기 때문에 억지로 웃어도 90%의 효과가 있다.

캔자스 대학 연구팀의 연구 결과에 따르면 억지웃음은 심박수를 낮추고 스트레스를 완화한다고 밝혔다. 연구팀은 실험 대상자들에게 진실한 웃음, 거짓 웃음, 중립 표정과 억지로 입을 크게 벌리는 등 다양한 표정을 짓게 하였다. 그 이후 실험 대상자 모두에게 얼음 물이 든 양동이에 손을 담그는 일, 즉 싫은 일을 시키고 얼굴 표정은 그대로 유지하게 하는 연구를 진행하였다. 그 결과, 진실이든 거짓이든 웃는 표정을 하는 사람들은 중립 표정의 사람들보다 심장 박동 수가 낮게 나타났다. 이 실험으로 우린 한 가지 사실을 알 수 있다. 스트레스를 받는 동안 실제로 행복하든 그렇지 않든 웃는다면 스트레스 반응을 낮추는 데 도움이 된다는 사실 말이다.

다른 연구 결과 역시 비슷한 내용을 말한다. 영국 카디프대학 연구팀은 보톡스를 주사한 여성들과 그렇지 않은 여성들의 두 집단을 대상으로 우울증과 불안 상태에 대한 설문 조사를 진행하였다. 얼굴을 찌푸릴 수 없는 보톡스를 맞은 집단은 그렇지 않은 집단에 비해서 우울증과 불안감이 한결 덜했고 그 결과 상당히 행복한 것으로 나타났다. 더 나아가 웃는 표정을 짓는다면 실제로 더욱 행복해지는 것으로 나타나기도 했다. 신체에 따라서 감정이 따라오는 것이다.

사실 억지로 웃으려면 처음엔 모두가 어색해 한다. 그래서 전문가들은 일상생활 중 습관화하는 것이 좋다고 이야기한다. 습관은 훈련을 통해서 만들어진다. 또한 그들은 평소 웃을 일이 있을 때마다 일부러 더 크게, 더 오랫동안 온몸으로 웃으라고 조언한다. 자꾸 의식해서 웃다 보면 크게 웃는 것이 자연스러워지기 때문이다. 일상 속에 있는 소소한 재미와 웃음을 찾아보고, 운동을 하듯이 시간이나 양을 정해놓고 웃는 것도 도움이 된다고 한다. 상대를 정해 날마다 정해진 시간에 잊지 않고 통화하며 즐거운 대화를 하며 웃는 것도 좋고, 가족과 함께 웃는 것도 좋은 방법이 된다. 한창욱의 『인생을 어떻게 살면 좋겠냐고 묻는 아들에게』에는 이러한 구절이 있다.

"거울에 얼굴이 비칠 때마다 환하게 웃어라. 자주 웃다 보면 얼굴도 호감형으로 바뀌고, 인생도 즐겁게 바뀐다."

잘 웃는 사람을 만나게 되면 웃음이 전염돼 곧잘 함께 웃게 된다. 또한, 웃음은 혼자보다는 여럿이 모여 함께 웃을 때 33배나 더 잘 웃게 된다고 한다. 유쾌한 사람이 되는 가장 효과적이고 빠른 방법은 유쾌한 사람 곁에 있는 것이다.

'유유상종', '끼리끼리'라는 표현을 들어본 적이 있을 것이다. 사람은 같이 지내다 보면 지내는 사람과 교류하며 비슷한 느낌을 풍기게 된다. 오래 사귄 연인이 느낌이나 얼굴이 닮아 보이는 것이 이러한 예다. 밝은 사람 옆에 있으면 감정 전염이 일어나 아주 짧은 순간에 그 사람의 얼굴 표정, 말투, 목소리, 자세 등을 무의식적으로 모방하고 자신도 그러한 모습을 취한다. 긍정적이고 좋은 기운이 묻어난다는 것이다.

〈어쩌다 어른〉이라는 강연 프로그램에 김창옥 교수가 나왔다. 그는 '유머 감각의 비결은?'이라는 주제로 이야기를 풀어나갔다. 김창옥 교수는 불우한 어린 시절을 보냈다고 한다. 그의 아버지는 청각 장애를 앓고 있었다. 귀가 잘 들리지 않는 아버지는 화투 도박을 좋아하셨다고 한다. 아버지의 잦은 도박은 싸움으로 이어져 부모님은 많이 싸우셨고, 그 과정에서 가정폭력도 빈번하게 일어났다.

김창옥 교수는 그러한 자신의 집안 환경을 남들에게 들키기 싫어 밖에서는 애써 더 밝은 척을 하였다. 김창옥 교수가 힘든 모습을 겉으로 드러내지 않은 것처럼 그의 어머니 역시 '힘들다', '죽겠다'와 같은 표현을 뱉지 않았다. 결혼 생활 내내 아버지와의 문제로 힘들었지만 그의 어머니는 항상 유머러스하고 긍정적이었다. 우스갯소리도 자주 하였다고 한다. 김창옥은 그런 어머니를 보고 자라 자신이 힘든 상황일 때도 새로운 시각으로 바라보는 힘이 생겼다고 한다. 그는 말한다.

"유머라는 말의 뜻은 사실 '웃기다'라는 뜻이 아니래요. 라틴어 'Humanus'에서 파생된 것으로 흐르다, 예상치 못한 놀라움, 반전이라는 뜻이래요. 그렇다면 진짜 유머의 힘은 가볍게 웃기는 것도 있지만, 힘든 삶을 탁 틀어내는 힘. 삶을 바꾸는 위대한 에너지가 아닐까요?"

나는 당신이 유쾌한 사람이 되기를 바란다. 유쾌한 사람이 된다는 것이 실없는 사람처럼 웃으라는 것이 아니다. 개그맨, 개그우먼처럼 듣는 상대방을 웃기라는 것도 아니다. 나이를 먹으면서 늘어나는 의무와 책임감을 유쾌한 표정으로 극복하자는 이야기를 하는 것이다. 당신이 항상 웃고 있다면 우울하고 불평불만 하는 사람들이 당신과 어우러질 수가 없다. 삶을 살아갈 때 주변 사람들이 부정적이고 우울하지 않다는 것은 큰 행운이다. 기억하라. 행복해서 재밌어서 웃는 것이 아니라 웃기 때문에, 유쾌하기 때문에 인생이 행복해지는 것이다.

06

칭찬하는 습관을 길러라

"인정받는 것이나, 칭찬이나, 부드러움이나, 인내, 감당하는 능력 등을 바라지 않는 사람은 이 세상에 한 사람도 없다."

– 헨리 워드 비처

과거의 나는 칭찬에 인색한 사람이었다. 나는 누군가를 깎아내리며 비방하지 않았지만 칭찬도 하지 않는 사람이었다. 나에게 칭찬은 아첨꾼 느낌이나 빈말과 같은 뉘앙스를 풍겼다. 지금 돌이켜보면 내가 나에게도 남에게도 칭찬을 하지 않았던 이유는 칭찬의 기준치를 최고점에 두었기 때문이다. 누군가의 얼굴을 볼 때 소위 연예인 급이 아니면 "멋있다", "예쁘다", "귀엽다"와 같은 말을 일절 하지 않았다. 누군가가 일을 할 때도 나에게 디폴트 값은 '잘'이었기 때문에 경외감이 느껴지는 정도가 아니라면 칭찬을 하지 않았다. 그래서 다른 사람이 누군가를 칭찬을 하는 모습을 보며 '엥? 이게 칭찬할 정도인가? 가식 아니야?'라고 의문을 품고는 했다.

과거의 나처럼 많은 사람들이 칭찬에 인색하다. 누군가가 어떤 것을 해내면 "잘했어, 수고했어."보다는 "왜 그것밖에 못해? 내가 너보다 잘하겠다, 더 잘 수 있잖아" 등과 같은 훈수와 비난이 더 잦다. 가령 도쿄 올림픽 축구 경기의 댓글들만 보아도 이 사실을 쉽게 알 수 있다. 격려와 칭찬보다 온갖 악플이 난무한다. "수고했어. 고생했어."라는 격려와 칭찬보다는 "우리나라 축구 대표팀은 비행기 타지 말고 헤엄쳐서 와라."라는 댓글이 스포츠 기사에 수십 개를 장식하고 있으며 선수들의 인스타그램에 찾아가 노골적인 욕설도 서슴지 않는다. 이뿐만이 아니다. 모든 예술, 경영, 비즈니스 등 많은 분야에서 빛을 발하는 사람들에게 박수를 쳐주는 것이 아니라 평가를 낮추며 악평을 일삼는다.

SNS에서 '아이들이 라면 먹을 때 엄마들의 반응'이라는 제목으로 사진이 올라왔다. 〈아빠 어디 가?〉라는 예능 프로그램에 나온 한 장면이었다. 〈아빠 어디 가?〉는 스타 아빠들과 자녀들이 함께 1박 2일 동안 낯선 오지 마을에서 함께 추억을 쌓은 내용으로 구성되어 있다.

김성주와 아들 민국, 윤민수와 아들 후 4명이 오순도순 모여 야식으로 라면을 먹고 있었다. 김성주는 말한다. "와 집에서는 절대 못 먹게 하는데. 이 밤에 그냥 자라고 하는데. 아빠들이랑 있어야 이렇게 라면 먹을 수 있는 거야. 엄마랑 있으면 밤에 라면 못 먹어!"라고. 윤후 역시 격하게 공감하며 "물만 마실 수밖에 없어."라고 말한다. 이때 라면 냄새를 맡고 이종혁과 준수가 달려온다. 뒤늦게 와 맛있게 라면을 먹는 준수를 보며 민국은 묻는다. "준수야, 엄마들은 이런 거 못 먹게 하지?" 준수는 해맑게 웃으며 말한다.

"아닌데, 우리 엄마는 라면 먹었다 그러면 기분 좋겠네! 하는데 잘했다고 하는데."

준수의 대답에 윤후는 자신의 엄마를 흉내 낸다. "'윤후야, 너 건강에 안 좋아. 빨리 자!' 우리 엄마는 이렇게 말하는데." 민국도 뒤이어 외친다. "우리 엄마는 이래요. 야! 라면 먹을 시간 있으면 공부해! 야! 라면 먹고 싶어? 공부하고 먹어."라고. 3명의 아이들의 반응을 보니 긍정적인 피드백의 중요성이 느껴졌다. 민국과 후의 어머니가 인스턴트의 해로움으로 아이의 건강을 걱정해서 한 소리인 건 안다. 하지만 이 대화에서 천진난만하게 웃는 준수의 표정이 잊히지 않았다. '좋다.', '잘한다.'라는 말이 듣는 사람의 기분을 저렇게 좋게 할 수 있는 말이구나를 깨달았다. 이 장면을 본 이후로 누군가의 장점을 보면 칭찬을 하기 시작했다. 칭찬을 하려면 이 정도의 기준이 있어야 한다는 내가 설정해놓았던 높은 기준치를 무너뜨렸다.

세대 차이를 막론하고 사람에게 하나의 공통점이 있다. 칭찬을 싫어하는 사람은 없다는 것이다. 칭찬은 인간관계에 있어 강력한 무기가 된다. 켄 블랜차드의 『칭찬은 고래도 춤추게 한다』라는 책 제목이 있다. 칭찬은 고래뿐만 아니라 사람도 춤추게 만든다.

칭찬이란 타인의 좋은 점이나 착하고 훌륭한 일을 높이 평가할 때 사용하는 말이다. 베스트셀러 작가 앤드류 매튜스는 말한다. "사람들은 누구나 다른 사람들의 인정을 받고 싶어 한다. 남들의 좋은 점만을 보고 기회가 있을 때마다 칭찬해주기를 결심한다면, 상대방은 기분이 좋아질 것이고 그 덕을 볼 것이다." 칭찬으로 상대방의 기분을 좋게 만들어주는 과정에서 상대는 나에 대한 우호적인 감정이 쌓이고, 좋은 인식이 생긴다. 하지만 칭찬에도 요령이 있다는 사실을 알고 있는가? 좋은 말을 해줘도 상대를 불편하게 만들 수 있다. 그렇다면 어떤 식으로 칭찬을 하여야 할까?

① 재능이 아닌 노력을 칭찬하라
많은 사람들은 좋은 결과의 원인을 노력보다는 재능에 돌리고 싶어 한

다. 흔하게 떠올릴 수 있는 예시를 들겠다. 시험 기간에 학생들이 "망했어. 공부 하나도 안 했어."라고 칭얼거리지만 실상은 밤샘 공부를 하고 오는 경우가 더 많다. 그들은 시험 성적이 좋아도 대개 자신이 밤새 얼마나 열심히 공부를 했는지 말하지는 않는다. 그렇다면 그들이 자신의 노력에 대해 이야기하지 않는 이유는 무엇일까? 일종의 보험과 같다. 혹시라도 결과가 좋지 않다면 노력을 안 해서 결과가 좋지 않다고 자신의 결과를 정당화하려는 것이다. 나는 원래 잘할 수 있지만 내가 노력하지 않아서 결과가 나쁜 것이라고 자기의 행동을 합리화하는 것이다.

"머리가 비상하다.", "실력이 뛰어나다."와 같은 재능 위주의 칭찬을 받게 되면 노력의 효과나 노력의 가치를 별로 중요하게 생각하지 않게 되는 경향이 가속화된다. 더 나아가 과정에도 큰 의미를 두지 않는 악순환이 벌어지게 된다.

하지만 우리는 끊임없이 노력해야 한다. 노력하지 않고 좋은 결과를 만들 수는 없다. 종종 정말 열심히 했지만 결과가 좋지 않을 수도 있다. 노력만큼 결과가 좋지 않아 낙담하고 있는 사람이 있다면 그런 사람에게 말해주어라. 그가 들인 노력을, 들인 공을 인정하고 칭찬해주어라. 그렇다면 당신의 칭찬을 들은 사람은 '그만하자'라는 포기 아닌 '그래 한 번 더 해보자'라는 추진력과 희망을 얻는다.

② 상대의 이름을 불러 칭찬하라

자신이 좋아하지 않는 사람이 어떤 일을 잘했다고 가정해보자. 그렇다면 우리는 칭찬하지 않는다. 하지만 어쩔 수 없이 마지못해서 그 일이 잘된 것에 이야기가 나온다면 말한다. "오 잘했네, 잘됐네."라고. 은근슬쩍 주어를 빼버리는 것이다.

반대로 우리가 이러한 경험이 있을 수 있다. 이러한 칭찬을 듣게 된다면 무슨 생각이 드는가? 섭섭함과 심지어 짜증이 나기도 한다. "이 일이 잘된 게 아니라 내가 일을 잘한 건데."라는 반발심이 든다. 당신이 누군가를 칭찬한다면 당신은 칭찬에 항상 인격을 넣어야 한다. "○○ 씨, 열심히 하더니 결과가 좋네요. 잘했어요."와 같은 식으로 말이다.

③ 자신을 낮추며 상대를 치켜세우지 마라

자신을 낮추며 상대를 세우는 칭찬은 흔히 하는 실수이다. "진짜 청바지 핏 예쁘다. 나는 다리가 굵어서 안 어울리던데.", "말하는 거 너무 재밌다. 나는 말수도 없고 노잼인데."와 같은 말을 하며 상대를 칭찬하는 사람들이 많다.

분명하게 말하지만 이런 칭찬은 안 하느니만 못하다. 이런 칭찬은 듣는 상대방도 난처하게 만든다. 자기 비하를 하는 상대방의 말에 무슨 반응을 해줘야 할지 난감하다. 칭찬은 상대방의 좋은 점이나 착한 성격, 훌륭한 일을 좋게 표현하는 말이다. 누군가를 칭찬하기 위해 나를 낮출 필요는 없다.

타인의 좋은 점을 보려고 애쓰고 마음껏 칭찬하자. 오늘부터라도 작은 칭찬을 시작하자. 칭찬을 습관화해라. 나는 당신에게 빈말을 하며 아첨을 떨라고 이야기하는 것이 아니다. 모든 사람에게 장점과 긍정적인 면이 있다. 그러한 면모를 바라보며 따뜻한 말 한마디를 나눈다면 하루하루 보내는 일상이 기분 좋게 흘러가지 않겠는가. 또한 칭찬은 타인뿐만 아니라 자기 자신에게도 할 수 있다. 하루를 열심히 살아가고 있다면 자신의 하루에 최선을 다하고 있다면 애정 어린 말을, 칭찬을 본인에게 해주어라. 그러한 사소한 습관이 자존감을 높인다.

07

내가 받고 싶은 존중만큼 타인을 존중하라

"타인을 존중한다는 것은 타인의 존중을 받는 최고의 기술이다."

– 주나이드 라자

내가 초등학교 때의 일이다. 집 근처 문화센터에서 '한자' 강의가 열렸었다. 엄마는 오빠와 나에게 한자를 배워두면 좋다고 강의를 듣게 하였다. 한 15년 전의 일이라 강의에서 배운 것이 잘 생각나지는 않는다. 하지만 첫 수업에 들었던 사자성어만큼은 아직도 선명하게 기억이 난다. 처음 수업을 들으러 문화센터에 간 날, 오빠와 나는 수업 시간에 조금 늦었다. 조심스럽게 문을 열고 허리를 굽혀 슬금슬금 강의실로 들어섰다. 선생님께서 화이트보드에 사자성어를 적고 계셨다. 한자를 적고 계신 선생님의 팔이 위아래 춤을 추듯 흔들리는 것 같았다. 선생님은 사자성어를 다 쓰신 후 수강생들에게 글씨가 보이도록 옆으로 몇 걸음 비켜섰다. 화이트보드에 적힌 글자가 눈에 들어왔다.

'易地思之(역지사지)'

선생님은 적은 사자성어를 설명해주셨다. "이 사자성어는 하나씩 읽으면 '바꿀 역', '땅 지', '생각할 사', '갈 지'예요. 역지사지로 상대방과 나의 입장을 바꿔 생각한다는 의미를 가집니다." 처음 접했던 사자성어여서일까? 입장 바꿔 생각해본다는 말이 뇌리에 강렬하게 남았다.

당신은 당신이 받고 싶은 만큼 타인을 존중하는가? 상대방의 입장을 고려하여 행동하는가? 대개 모든 사람들은 처음 만나는 사람에게 친절하다. 심지어 자기 자신에게 하는 것보다 훨씬 더 상대를 배려하며 친절하게 대한다. 하지만 많은 사람들이 관계가 가까워질수록, 친밀해질수록, 편해질수록 이전과 달리 상대를 함부로 대하는 모습을 보인다.

가족, 친구, 연인과 같은 가까운 사이에서 힘든 하루에 응원과 격려를 받기는커녕 무시당하고 인정해주지 않아 상처받았다는 이야기를 비일비재하게 들을 수 있다. 예를 들어 잘되라고 해주었던 조언이 오히려 아물지 않는 상처가 되기도 하고 관심이라고 베풀었던 부모의 잔소리가 자녀에게는 큰 심리적 고통이 될 수 있다. 이렇게 상처를 주는 쪽은 대개 어렵고 먼 관계가 아닌 가까운 사람들이다.

〈요즘 육아 금쪽같은 내 새끼〉라는 예능 프로그램이 있다. 〈요즘 육아 금쪽같은 내 새끼〉는 베테랑 육아 전문가들이 모여 부모들에게 육아법을 코칭하는 프로그램이다. 이 프로그램은 위에서 말한 가까운 사이에 상처를 주는 상황을 아주 잘 보여준다.

최근 방송에서 소통의 어려움을 겪는 가족이 나왔다. 부모님들은 5년째 지속된 자식과의 갈등 때문에 프로그램을 신청했다고 밝혔다. 이 가족은 부모님과 아들 2명으로 총 4명으로 이루어져 있다.

가족들은 프로그램을 시작하기 앞서 자신의 속마음을 인터뷰한다. 막내아들은 말한다. "저는 엄마가 좋아요. 세상에서 제일 예쁘니까. 근데 같이 있으면 짜증 나고 화나요. 이유? 모르겠어요. 행복한 기억이 거의 없어요." 첫째 아들은 소망한다. "그냥 평범하게 살았으면 좋겠어요." 부모님들 역시 아들과 같은 이야기를 말한다. "집에서 큰소리 안 났으면 좋겠어요. 가족들이랑 즐겁게 여행 다니는 게 제가 꿈꾸는 가정이에요." 그들 가정은 왜 웃음을 잃어버린 것일까?

고민자의 가족의 일상을 촬영하여 보았을 때 그들의 문제점은 극명하게 보였다. 먼저 아버지는 좋은 의도로 말하였지만 듣는 사람의 감정을 전혀 배려해주지 않는 문제점이 있었다. "여기 붙어!", "뒤로 돌아.", "벌받아."와 같이 강압적으로 아이들에게 명령했다.

어머니는 남편의 잦은 직장 이동으로 경력이 단절되었다고 한다. 자연스레 관심은 아이들의 교육이 되었고 "공부했어? 그래서 얼마나 했는데?", "몇 시부터 몇 시까지 했는데?", "제대로 안 한 것 같은데?"라며 항상 의심이 가득 묻어 나오게 자식들을 취조하였다. 하지만 어머니의 행동도 자식을 사랑해서 나오는 행동들이었다. 안타깝게도 이런 대화 스타일은 가족의 끊임없는 다툼과 비명 소리, 심지어 주먹다짐을 불러왔다.

고민을 신청한 부모님은 자식에게 기대 심리를 가지고 있었다. 자신들이 정한 틀에 순종적으로 아이들이 따라 오길 바랐다. 하지만 존중 없는 관계에 존중은 없다. 부모님들은 자식에 대해 존중이 없었다. 냉정하게 말하면 내가 베푼 만큼 돌아오지도 않는 게 세상의 이치다. 그런데 하대하고 무시하는 태도에서 존중과 보답을 바란다? 단순한 욕심에 지나지 않는다. 우리는 항상 되새김질하여야 한다. 내가 받고 싶은 존중만큼 타인을 존중하여야 한다는 것을. 상대와 나의 입장을 바꾸어 생각해보아야 한다는 것을.

육아 전문가 오은영은 부모님에게 문제점을 짚어주며 방향성을 제시했다. 부모님들은 자신들의 모습을 VCR로 확인하며 많은 생각에 잠겼다. "응", "어"와 같이 단답으로 자식들과 대화를 원하지 않았던 아버지는 자신의 모습을 바꾸기로 마음먹는다. 조언 이후 몇 년 만에 첫째 아들과 단둘이 있게 된 아버지는 아들에게 조심스레 말문을 연다.

"힘들었니? 고생했다. 너한테 심한 말도 하고 우격다짐도 했다. 생각해보니 너한테 마음의 상처가 되는 말도 많이 했던 건 사실이야. 미안해 아들."

아버지는 첫째 아들에게 마음을 표현하고 진심 어린 사과를 전했다. 가족의 물음은 대답하지 않거나 소리를 지르던 첫째 아들은 아버지의 사과에 고개를 숙였다. "너 가족끼리 달라지고 싶다 했지? 우리 다시 해보자."라는 아버지의 말에 아들은 고개를 끄덕였다. 강압과 명령이 아닌 의논과 권유의 방식으로 변화하면서 아버지는 아들에게 다가갔다. 아버지의 태도 변화는 아들의 변화를 이끌었다.

우리는 관계가 가까워지면 가까워질수록 서로가 또 다른 독립적인 인격체라는 사실을 잊어버리기 쉽다. 가깝다는 이유로 넘어서는 안 되는 선을 자연스럽게 넘어버리고, 자연스럽게 상처를 준다. 자신과 가까워진 상대방을 자신의 일부라고 생각하면서 소유욕을 느끼는 사람도 많으며 상대방을 자꾸 간섭하거나 바꾸려 들려 하는 사람 역시 많다.

나에게 힘이 되어줘야 할 사람들이 오히려 나에게 가장 많은 상처를 주다니 아이러니한 상황이다. 하지만 이들과 관계를 손절하기엔 나에게 소중하기도 한 사람들이기 때문에 더욱 난처하다.

혹시 당신은 이러한 적이 없는가? 당신의 소중한 사람을 위한다는 말이 창이 된 적은 없는가? 잘되길 바라서 한 조언이 상대방에게 스트레스를 준 적은 없는가? 우리는 관계가 가까울수록 더 신경 써야 할 필요가 있다. 가까운 관계에서 존중을 받고 싶은 만큼 우리는 상대를 존중하여야 한다. 신영준·주언규의 『인생은 실전이다』에서 나오는 구절이다.

"내가 먼저 상대방에게 존중을 보이면, 그 사람의 태도가 바뀔 가능성이 있다. 상대가 불친절하다고 나까지 똑같이 대응하면 관계 개선 가능성은 완전히 증발해버린다."

만약 당신은 상대에게 예의와 배려, 존중을 표현했지만 그러한 노력이 통하지 않는 상대라면, 당신을 계속 힘들게 만드는 사람이라면 가까운 사이일지라도 당신의 인생에서 내쫓아버려라. 타인을 존중하는 것은 당신이 소중하게 생각하는 사람들과의 관계 향상을 위한 것이다. 하지만 그러한 관계 향상의 필요성을 모르고 당신을 하대한다면 당신 역시 그러한 사람을 존중할 필요가 없다. 무례한 대우를 참고 웃어주는 성인군자일 필요가 없다.

누군가와 잘 지내고 싶다면 내가 받고 싶은 존중만큼 타인을 존중하라. 상대방의 입장을 생각하며 말을 하고 행동하라. 가까운 사이라고 '당연시' 여기지 말며 친밀할수록 상대방을 더욱 소중하게 여겨라. 당신의 그러한 노력은 부메랑처럼 돌아와 타인의 따뜻한 대우를 받을 수 있을 것이다.